Petra Müller

Bank mit Aussicht

Petra Müller

Bank mit Aussicht

*Eine Erzählung über das Reisen, das Campen,
und über das Leben an sich.*

Besuchen Sie mich im Web!

 facebook.com/piepmarie

 instagram.com/piepmarie

Bibliografische Information der Deutschen Nationalbibliothek:

Die Deutsche Nationalbibliothek verzeichnet diese Publikation in der Deutschen Nationalbibliografie; detaillierte bibliografische Daten sind im Internet über dnb.dnb.de abrufbar.

© 2022 Petra Müller

Herstellung und Verlag: BoD – Books on Demand, Norderstedt
ISBN 9783755737001

„Die gefährlichste aller Weltanschauungen

ist die Weltanschauung derer,

die die Welt nie angeschaut haben"

Alexander von Humboldt

(gelesen im Klimahaus, Bremerhaven)

TEIL 1

KAISERSCHMARRN

Mittwoch, 21.7.21
Nicht lang schnacken, Qekie packen!

„Ach hallo! Da bist du ja wieder!"
16.30 Uhr.
Ich genieße den warmen Sommertag im Garten in Gesellschaft meiner heißgeliebten Liege, und begleite Harold Fry auf seiner unwahrscheinlichen Pilgerreise durch England. Doch plötzlich halte ich inne und lasse das Buch langsam, mit aufgeklappten Seiten, auf meinen Bauch sinken.
Mein Blick wandert gen Himmel. Und tatsächlich - da ist es wieder. Leise und unbemerkt hat es sich eingeschlichen. Zunächst noch tief vergraben, bahnt es sich nun zielstrebig den Weg an die Oberfläche meiner menschlichen Bewusstseinsebene. Dieses Gefühl von Fernweh, der Sehnsucht nach Natur außerhalb meines Gartenzaunes. Dem Balsam für Auge und Seele, verpackt in einem bunten Blumenstrauß aus Wasser, Erde, Wind und Sonne, sowie dem salzigen Geruch des Meeres und dem einzigartigen Duft nach Plaste, der meinem Wohnwagen innewohnt.
Freudige Erwartung macht sich in mir breit und bläst sich, bei jeder vorbeiziehenden Wolke am Firmament, mehr auf wie ein Luftballon. Das Gefühl wird zur Gewissheit, und mir ist klar: ich muss den Qekie packen und auf Tour gehen. Unbedingt! Sofort! Jetzt! Keine Widerrede! Wat mut, dat mut! Basta!

Der Qekie ist mein kleiner DDR-Wohnwagen, den ich vor ein paar Jahren durch einen Zufall von einer Facebook-Freundin aus der Kuschelhühner-Gruppe erstanden habe. Viele Jahre zuvor hegte ich immer wieder den Wunsch, Camperin zu werden. Keine Ahnung warum, war ich doch niemals zuvor in meinem Leben auf einem Campingplatz oder habe ein Zelt von innen gesehen. Es erschien mir einfach als die perfekte Möglichkeit, unkompliziert und günstig mit meinem Hund Urlaub zu machen.
Allerdings war damals nicht die richtige Zeit, und die

9

Lebensumstände standen meinem Herzensprojekt ebenfalls entgegen.

Doch, da das Leben eine rauschende Achterbahnfahrt ist, und morgen schon nichts mehr so sein kann, wie es heute scheint, ergriff ich die mir Jahre später als frisch gebackener Single spontan gebotene Möglichkeit beim Schopf, und durfte mich fortan ein stolzes Mitglied der Camper- Community nennen.

Seitdem ziehe ich den QEK Junior 500 mit meinem quietschegelben Fiat Panda durch die Lande. Ich hab beide schrecklich lieb!

„Okay", denke ich verträumt, „wo will ich denn hin?" Ich überlege.

Nordrhein-Westfalen hat Sommerferien. Die Campingplätze sind wegen Corona alle voll. Dieses Jahr meint jeder, er muss Campen gehen, weil es mit dem Fliegen ja alles noch etwas umständlich ist. Heute gilt dies, morgen gilt das. Ein ständiges Hin und Her der Bestimmungen und Regelungen.

Egal - das „Wohin" kann ich mir auch noch während des Packens überlegen, oder heute Nacht... im Schlaf habe ich ja bekanntlich die besten Ideen. Entschlossen schwinge ich mich aus der Liege und beginne geschäftig mit den Reisevorbereitungen.

Eigentlich hatte ich mir mal vorgenommen, die komplette Nordseeküste zu erforschen... Deutschland, Niederlande, Belgien, Frankreich.

Ich entscheide für mich, erst mal auf bekanntem Terrain zu starten. Holland oder Belgien. An Frankreich traue ich mich nicht so richtig ran, schon gar nicht in der Hochsaison. Außerdem möchte ich dazu erst mein Schul-Französisch ein wenig auffrischen, um nicht völlig ahnungslos zu sein, und kein Wort zu verstehen, wenn mir nette Menschen etwas erzählen wollen. Bei den Nicht-Netten ist es mir egal.

Also lautet die grobe Fahrtrichtung Antwerpen. Und dann links oder rechts. Geradeaus geht nicht, da ist Wasser!

Soll die altbekannte Gegend rund um Domburg in Walcheren,

Provinz Zeeland, Niederlande, mein Ziel sein? Den Gedanken verwerfe ich direkt wieder. Keine gute Idee! Zur Hochsaison völlig überbevölkert mit NRW- Touris. Garantiert ist dort kein Stellplatz zu bekommen.

Dann vielleicht unterhalb der Westerschelde entlang nach Belgien? Fühlt sich nicht so richtig gut an, und ich bin da eher halbherzig überzeugt, will es aber probieren. Schließlich möchte ich ja auch mal etwas Neues abseits der von mir bereits viel besichtigten Pfade entdecken.

Wenn schon Sightseeing, dann auch richtig! Mein erstes Ziel soll Leuven (zu deutsch: Löwen) sein.

Normalerweise meide ich ja Städte wie die Pest. Aber das tolle Rathaus dort... das will ich mal live und in Farbe gesehen haben. Leuven... und dann mal sehen – der Plan gefällt mir!

Zwei Stunden später ist alles gepackt und ich mache mich auf den Weg zur Tankstelle und zum Netto... ein Kasten Wasser im Auto kann nicht schaden, und Benzin im Tank erst recht nicht. *Lach!*

Nachdem auch das auf meiner To-Do-Liste abgehakt ist und ich im Geiste noch mal durchgegangen bin, ob ich an alles gedacht habe, sinke ich erschöpft aufs Sofa. Dabei fällt mein Blick aufs Aquarium. „Och nee", denke ich, springe wieder auf, und mache einen Wasserwechsel. Schließlich weiß ich ja noch nicht, wie lange meine Reise dauern wird, und ich möchte vermeiden, dass die Fische bei meiner Rückkehr Rückenschwimmen machen.

Als auch diese Wasserspiele erledigt sind, sinke ich erneut nieder. Diesmal allerdings nicht aufs Sofa, sondern, völlig erledigt, direkt ins Bett.

Donnerstag, 22.7.21
Von Schlössern und Ringen

Weil ich ja gestern doch recht früh halb bewusstlos in den Kissen versunken bin, stehe ich heute ziemlich früh frisch, fromm, fröhlich, frei, zur Abreise parat.

Natürlich ist es riskant, mit einem Wohnwagen im Schlepptau, in eine Stadt mit 100.000 Einwohnern zu fahren. Jedoch geradezu irrsinnig ist die Idee, wenn man diese Stadt nicht kennt. Aber irgendwie fühle ich mich gerade sehr mutig und wage den Weg in die Höhle des Löwen... hihi.. im wahrsten Sinne des Wortes.

Nach nur 90 Minuten Fahrzeit passiere ich bereits das Ortsschild von Leuven. Mein Puls geht nun doch 'nen Ticken schneller und tausend Gedanken spuken gleichzeitig durch meinen Kopf. Das Spektrum reicht dabei von „ganz schön mutig" bis „ich muss bekloppt sein."

Hoffentlich geht das gut. Bloß nicht in zu enge Sträßchen geraten und womöglich in einer Sackgasse ohne Wendekreis landen. Das wäre der absolute Supergau, da ich nicht mit Anhänger rückwärts fahren kann. Ich tröste mich mit der Möglichkeit, die mir mein kleiner, nur 500 Kilogramm schwerer Qekie, im Notfall bietet:

Abkoppeln ==> Umdrehen ==> Ankoppeln.

Das schaffe ich problemlos alleine.

Ich taste mich, so gemächlich es der Verkehrsfluss zulässt, vor Richtung Zentrum. Ich will ja auch so nah wie möglich am Ort des Interesses parken, und nicht noch ewig weit mit den Hunden durch die Stadt latschen.

Ich erspähe eine Parkspur für Busse. 30 Minuten kostenlos. Alles frei. Kein Bus weit und breit in Sicht. Zeit zu überlegen bleibt nicht, da ich sonst den ganzen Verkehr aufhalten würde. Also nichts wie drauf auf die Spur. Bis ganz vorne durchziehen. Das ist wichtig, um problemlos und ohne pulsbeschleunigende Rangiererei wieder abfahren zu können.

Ich stehe und hole tief Luft.

Einatmen... Ausatmen.

War doch gar nicht so schwer bis hierhin.

Hunde anleinen und los geht's.

Ich habe bereits die Straße überquert, als ich abrupt stehen bleibe. Was ist, wenn ich wiederkomme und der Qekie ist weg... nicht auszudenken! Also gehe ich zurück und montiere das Kastenschloss an die Anhängerkupplung.

Ich will gerade gehen, da kommt mir ein Linienbus entgegen und der Fahrer schaut mich etwas skeptisch an. Oder bilde ich mir das nur ein, weil ich mir meines Unternehmens im Moment gar nicht mehr so sicher bin?

Und dann sitzt da plötzlich auch noch das Teufelchen auf meiner rechten Schulter und flüstert mir zu: „Du weißt doch, dass du hier nicht stehen darfst. Was ist, wenn du zurückkommst und der Platz ist leer? Kein Panda, kein Qekie mehr da? Abgeschleppt, von der bösen Löwen-Polizei? Was machst du dann?"

Entspannt schlägt das Teufelchen die Beine übereinander, verschränkt die Arme, stützt das Kinn in die Hand und schüttelt herablassend den Kopf.

Das reicht! „Okay, du hast gewonnen" zische ich mit zusammengekniffenen Zähnen. Gefühlt liegt mein Puls bereits bei 120.

Also Rolle rückwärts: Hunde ins Auto, und anderen Parkplatz suchen!

Ich fahre los und es scheppert ganz fürchterlich. Mist! Ich habe vergessen, das Kastenschloss abzumachen.

Bereits mit leichtem Schweißausbruch springe ich aus dem Wagen. „So eine Scheiße!" ... auch das noch... das Schloss hat sich verklemmt. Nun tropft mir der Schweiß von der Nase und leise Panik macht sich in mir breit.

Also stelle ich mich aufrecht hin, schließe die Augen, atme ein paar mal tief ein und aus, öffne die Augen wieder und betrachte die Spitze des Rathauses über den Häuserdächern. „Bist du es wert, dass ich mir das hier antue?" denke ich dabei. Aber ich werde jetzt nicht aufgeben. Nicht bereits zwei Stunden und 15 Minuten nach Urlaubsbeginn. Das wäre ja noch schöner!

„Immer tief durchatmen", versuche ich mich erneut zu beruhigen. Ich trinke einen Schluck Wasser und versuche mein Glück ein zweites Mal. Mit etwas Ruhe gibt das Schloss dann tatsächlich auf, und ich habe mein Ziel erreicht. *Geht doch!* Memo an mich selbst: unbedingt ein neues Schloss kaufen!

Die weitere Parkplatzsuche ist dann erwartungsgemäß auch nicht so einfach, da ich mich in einer Altstadt und nicht auf einer Ortsumgehung befinde. Im Zentrum gibt es keinen Supermarktparkplatz, dessen ich mich mal eben kurz bedienen könnte. Wäre ja auch zu schön gewesen! Also ziehe ich elliptische Kreise rund um das Rathaus und summe vor mich hin:

Er mag sie, sie mag ihn.
Von oben fliegt die Erde einen elliptischen Kreis.
(Auszug aus meinem Lieblingslied „Sie mögen sich"
von Shaban und Käptn Peng)

Endlich werde ich fündig: ein leerer Parkstreifen mit Parkscheinpflicht. Tja, dumm gelaufen, denke ich, denn, ZACK - schon habe ich das nächste Problem. Ich belege mit meinem Gespann zwei eingezeichnete Parkplätze. Muss ich jetzt auch zwei Parkscheine kaufen? Ich verwerfe diesen Gedanken, bevor der rote Kerl wieder auf meiner Schulter sitzt und amüsiert vor sich hin giffelt. Ich baue einfach auf den „Ach, ist der Süüüüüß"-Zuckerschock-Effekt, dem Menschen, insbesondere weibliche, beim Anblick meines bemalten Qekies, erliegen.

Nun, bereits routiniert, wiederhole ich das Prozedere:

Kofferraum auf, Kastenschloss dran, Kofferraum zu.
Klappt schon viel schneller als eben.
Dann schaue ich mich um. „Wo ist der verflixte Parkscheinautomat?", raune ich vor mich hin. Dann sehe ich andere Parker in eine bestimmte Richtung laufen. Ich denke mir, die müssen es ja wissen, und folge einfach unauffällig. „Super, es ist erst 10 Uhr" fällt mir beim Anblick des Parktickets auf. Sehr gut! Dann sind noch nicht viele Leute unterwegs (und hoffentlich auch nicht die Bediensteten vom Ordnungsamt oder sonstiger Behörden zur Überwachung des ruhenden Verkehrs), denn das muss und will ich jetzt wirklich nicht haben. Endlich lenke ich den Schritt gen Rathaus. Halleluja sag I!
Wenn man alleine reist, redet man ja eigentlich nur in Gedanken mit sich selber. Doch beim Anblick des Rathauses entfährt mir ein lautes „WOOUUW!"
Das muss ich erst mal auf mich wirken lassen. Das Rathaus entpuppt sich als toller Bau der Spätgotik mit seinen vielen Figuren und Türmchen. Das Auge weiß gar nicht, wo es zuerst hinschauen soll. Und das Ganze ist frisch gesandstrahlt. So erscheint es in einem nahezu weißen Gewand, und man könnte meinen, ein Zuckerbäcker hätte sein Meisterstück abgeliefert. Gut, dass ich die anfänglichen Strapazen in Kauf genommen habe und hier hin gekommen bin. Es hat sich gelohnt.
Ich schlendere noch etwas durch Altstadt und Fußgängerzone. Letztere sieht aus wie in jeder anderen Stadt, und ist nicht mein „Point of Interest".
Es ist 10.30 Uhr. Die Straßen füllen sich zusehends mit Menschen. Zeit für mich, das Weite zu suchen. Ich komme am Beginenhof vorbei. Lauter süße kleine Häuschen drängen sich hier eng aneinander. Ein Dorf inmitten einer Stadt. Es erinnert mich an die Wohnungen der Pächter in dem Film: Der kleine Lord.
Ich schlendere weiter. Meine Parkzeit von einer Stunde will ich nicht überschreiten. Ein Knöllchen am ersten Urlaubstag fände ich jetzt nicht so prickelnd. Ich denke, dass ich

eigentlich ganz gut in Sachen Orientierung bin. Doch verfehle ich den „Vismarkt", wo ich geparkt habe, um eine Straße. Ein netter Belgier hilft mir aber auf den rechten Weg. Mein Hund Lucy ist froh, dass meine Irrung nicht zu großen Umwegen geführt hat. Es ist schon sehr warm und sie mit ihren 13 Jahren nicht mehr die Jüngste.

Mein Gefährt steht unbeschadet, wo ich es verlassen habe. Ohne Bußgeld. *Lach!*

Jetzt aber nix wie weg hier!

Fragt sich nur, wohin. *Lach!*

Beim letzten Großreinemachen hatte ich im Auto je eine Straßenkarte von Belgien und der Niederlande gefunden. Nicht mehr ganz taufrisch. Doch das macht nichts. Diese Karten will ich ganz Old-School auf dieser Reise benutzen. Ich werde die schönsten Stellen textmarkern und Anmerkungen dazu schreiben. Außerdem bieten sie einen guten Überblick, und sind somit zur Orientierung viel besser geeignet als Google Maps auf einem kleinen Handy-Bildschirm.

Also studiere ich die Belgien-Karte und überlege, wo es mich als Nächstes hin verschlagen könnte.

Da lese ich Grimbergen. Das liegt nördlich von Brüssel. Da muss ich hin! Will mal sehen, wo mein Lieblingsbier herkommt.

Gedacht - Getan!

Nicht so gut an der Zielauswahl ist die Routenführung über den Ring Brüssel... oh nein... das ist wahrscheinlich so katastrophal wie der Ring Antwerpen. Der ist auch nix für mich... zu viele Spuren, Autos und Autobahnwechsel. Doch ich behalte die Ruhe, und Frau Google leitet mich völlig problemlos durch das hauptstädtische Stahl- und Betonlabyrinth. Tatsächlich erreiche ich gegen 12 Uhr Grimbergen. Doch: Shit happens. Der Weg Richtung Zentrum ist gesperrt.

Ich komme auf eine Straße, die wieder aus der Stadt raus, und offensichtlich ins Grüne führt. Nun gut. Vielleicht gar nicht so schlecht.

Erstmal einen Baum suchen, unter dem ich parken kann, um der Sonne zu entkommen. Etwas essen und trinken wäre auch nicht verkehrt.

Tatsächlich komme ich auch am Campingplatz Grimbergen vorbei, entscheide mich jedoch dagegen. Noch zu früh, um für heute zu stranden. Dann sehe ich ein Schild, dass zu einem Wanderparkplatz gehören könnte. Spontan biege ich ab und werde nicht enttäuscht. Eine, ich nenne sie jetzt mal C-Straße, mit gemähtem Wiesen-Seitenstreifen, breitet sich vor mir aus, und macht mich gerade sehr froh. Sogar der Baum, den ich herbei sehnte, ist da. Kein Mensch weit und breit... ich freue mich über dieses kleine Glück und mache Picknick. Tisch und Stuhl habe ich ja griffbereit im Qekie, und meine Enders-Delux-Campingtoilette liebe ich sowieso.

Doch, mein Problem mit dem Zentrum von Grimbergen, ist natürlich auch frisch gestärkt nicht gelöst. Ich brauche einen Parkplatz, auf dem ich zur Not wenden kann, um mich nicht festzufahren. Ich erkunde mit der Satelliten-Einstellung von Maps die Stadt und werde fündig. Grimbergen hat eine Therme und eine Therme hat in der Regel ganz viele Parkplätze. Die Routenplanung sagt mir dann auch, dass ich eine Straßensperrung umgehe... also nix wie los! Campingtisch und Stuhl befördere ich geschickt zurück in den Qekie und schon bin ich auf der Bahn. Vier Minuten später grinse ich dann wie ein Honigkuchenpferd.

Vor mir liegt ein wunderschöner Parkstreifen, dazu noch kostenlos und in direkter Sichtweite zum Dom. Ich sehe zwar niemanden, traue der Sache jedoch trotzdem nicht, und mühe mich erneut mit meinem Kastenschloss ab. Diesmal geht es mir leichter von der Hand, und SICHER ist SICHER!

HIGH-NOON in Grimbergen. Die Sonne brennt. Die Stadt ist ausgestorben. Kein Mensch weit und breit zu sehen, die Bürgersteige sind sozusagen hochgeklappt.

Ich komme mir vor wie Gary Cooper in dem Western „12 Uhr

Mittags", als er mutterseelenallein auf der staubigen Dorfstraße steht. Meine Pistolen sind allerdings zwei Rollfix-Leinen mit je einem Hund davor gespannt. *Lach!*

Die Abteikirche ist ein extrem mächtiger Bau. Die Mönche haben mit ihrem Bier anscheinend gut verdient. Und ich bin ganz alleine in diesem riesigen Gebäude. Das schafft auch nicht jeder. Unglaublich!
Auf dem Rückweg komme ich an einem Geschäft vorbei. Hier wird auf einer Tafel Abteikäse beworben. Aha... die Männer der katholischen Kirche können nicht nur Bier, sondern auch Käse! Gerne würde ich ein Stück kaufen. Leider ist der Laden geschlossen. Merkwürdig, dieses Grimbergen.
Zurück beim Auto grüßt erneut das Murmeltier, und es drängt sich mir unbändig die Frage auf: „Wohin jetzt?"
Es ist so heiß, dass ich nur noch ans Meer will, um mir eine erfrischende Brise um die Nase wehen zu lassen.
Ich denke an meinen Plan, die Küste zu bereisen zurück, und stelle Ossenisse als Ziel ein. Das liegt westlich von Antwerpen an der Westerschelde. So starte ich Richtung Norden auf mir unbekannten Wegen.

Ich war noch nie ein großer Freund der belgischen Straßenbaukunst. Und wieder werde ich bestätigt. Ich weiß manchmal nicht, bin ich auf der Autobahn oder der Schnellstraße. Plötzliche Ampeln machen das Fahren gefährlich, da Alle so unvermittelt abbremsen und zum Stehen kommen. Blechlawinen wälzen sich wie ein fetter Wurm über den heißen Asphalt je näher ich Antwerpen komme. Da will ich ja auch eigentlich gar nicht hin. Böser Fehler, vorher nicht die Routenführung zu überprüfen! Ich passiere Slijkhoek und bin, von LKW's eingekeilt, der völligen Reizüberflutung durch Lärm und Gestank ausgeliefert. Es ist ganz fürchterlich. Stau, Rettungswagen, Sirengeheul und dann kommt es: belgischer Verkehrsfunk. Ich verstehe nicht alles, doch sehr wohl das für mich Wichtigste. Zwanzig Minuten Stau am Kennedytunnel.

Muss ich da etwa durch? Kommt gar nicht infrage! Völlig unmöglich! Das schaffe ich nicht! Im wirklich allerletzten Moment... die Fahrbahn ist eigentlich schon zu Ende... wechsle ich im Ring von Antwerpen die Spur mit einem Schwenker nach rechts und entscheide mich damit gegen die Route entlang der belgischen Küste. Egal... Stau und Tunnel in Kombination ist für mich ein NO-GO und löst bei mir Fluchtverhalten aus. Eine Panikattacke kann ich jetzt wirklich nicht gebrauchen.

Unerwartet bin ich nun auf dem Weg nach Zeeland. Mein Körper entspannt sich zunehmend. „Richtige Entscheidung" sagt das Engelchen auf meiner linken Schulter, und tätschelt mir dabei zärtlich das Ohrläppchen.

Selbst der Stau im Ring Antwerpen macht mir nichts aus. Vielleicht habe ich diesen schon zu oft erlebt und es ist ein gewisser Gewöhnungseffekt, der mich mit schlafwandlerischer Sicherheit ohne Navi den Weg rund um Antwerpen nehmen lässt.

Ich fahre nun schon seit über 30 Jahren nach Domburg oder die nähere Umgebung. Und immer rausche ich auf der A58 an den ganzen Orten, die da an den Ausfahrten stehen, vorbei. Doch heute ist alles anders. An der Ausfahrt Rilland, der ersten Möglichkeit, nachdem ich den Ring verlassen habe und wieder in der Niederlande bin, setze ich, ohne weiter darüber nachzudenken, den Blinker. In diesem Moment komme ich mir vor wie Christopher Kolumbus. Der wollte ja eigentlich nach Indien und hat durch Zufall Amerika entdeckt. Auch ich bin jetzt ein Entdecker von mir unbekanntem Land. Wie spannend!

Zunächst sehe ich nichts Spektakuläres. Doch dann geht die B-Straße über in einen C-Weg, der geradewegs Richtung Deich führt. Ob ich da wohl fahren kann? Sehr breit ist er ja nicht. Doch die gute Energie, die mich in Belgien kurzzeitig verlassen hatte, ist zurückgekehrt, und ich wage es frischen Mutes. Ich fahre parallel zum Deich durch die Polder und entdecke einen Aufgang, an dem ich problemlos parken kann.

Es sind nur ein paar Schritte bis zum Erreichen der Deichkrone. Mir entweicht zum 2. Mal heute ein „WOOUUW".

Vor mir liegt die hier noch schmale Stelle der Westerschelde. Große Schiffe ziehen in nächster Nähe vorbei, aus dem Hafen von Antwerpen kommend oder auf dem Weg dorthin. Ein doch recht starkes Windchen sorgt für Abkühlung.

Zum Glück bauen die Holländer an schönen Stellen immer Bänke zum Verweilen auf. Das mache ich dann auch und denke: alles richtig gemacht.

Langsam bin ich müde. Die Autofahrt war doch sehr anstrengend, und die Hitze tut das Übrige dazu.

Nun brauche ich einen Minicamping. In den Poldern sind mehrere Bauernhöfe, und mein Scouting-Herz sagt mir „Hier bist du richtig." Also fahre ich langsam und aufmerksam kreuz und quer durch die Felder auf der Suche nach Schildern oder Wohnwagen. Und dann sehe ich es: soooo klein, dass ich es fast übersehen hätte... aber Adlerauge sieht alles.

„Zeeuws genieten".

Icons mit Messer und Gabel sowie einem Zelt sind ebenfalls abgebildet. „BINGO!" Ich folge den Miniaturschildern. Zwischendurch habe ich das Gefühl, im Kreis zu fahren und denke: „Warst du hier nicht schon mal?". Aber dann bin ich plötzlich da, und das dritte „WOOUW" an diesem Tag ist fällig.

Eine liebevoll hergerichtete Terrasse mit pinken Sonnenschirmen, Blumen, Dekorationen... alles passt. Ich spüre die gute Energie, die diesem Ort innewohnt. Die Gäste gucken alle glücklich, also bin ich es auch.

Ich setze mich und genieße einen Erdbeerbecher mit selbstgemachtem Eis und Erdbeeren aus eigenem Anbau. Es ist köstlich, und ich denke „Das hast du dir jetzt aber auch wirklich verdient!"

Ich bin bei einem Obstbauern gelandet, der einen Teil seines Landes zum Mini-Campingplatz umgestaltet hat. Ich fühle mich direkt sehr wohl hier und frage nach einer

Übernachtungsmöglichkeit. Ich habe Glück, und der Bauer höchstselbst geleitet mich zu meiner Parzelle. Mein Gefühlsthermometer ist währenddessen von WOHL auf SAUWOHL geklettert. Es ist alles so super gepflegt und liebevoll angelegt. Es gibt sogar eine Streichelwiese mit Kaninchen, Meerschweinchen und Hühnern. An der Straße ist ein Selbstbedienungs-Shop mit frischen Früchten (Erdbeeren, Himbeeren, Brombeeren, Äpfel), selbstgemachter Marmelade, Saft und Honig und … sollten die Damen gelegt haben... auch Eiern. Die für Zeeland üblichen Kartoffeln und Zwiebeln vom Nachbar-Bauern runden das Sortiment ab.

Als ich abends in meinem bequemen Qekie-Bett liege, fällt mir die absolute Ruhe auf. Es gibt 0,0 Geräusche. Nichts. Einfach herrlich.

Ich tue es den Hunden gleich und schlummere sehr schnell ein.

Freitag, 23.7.21
Verdronken Land- Versunkenes Land

Als erste Amtshandlung an diesem Morgen begebe ich mich zu Iris, der Chefin und Herrin über das Notebook mit den Buchungen für den Campingplatz. JUCHHUUU... der Platz wird für weitere zwei Nächte mein Zuhause sein. Ich freue mich und gehe erst mal die Kaninchen streicheln.

Heute werde ich die Umgebung erkunden.
Es soll einen kleinen Strand am Deich geben. Mein erstes Ziel.
Eine halbe Stunde später schaut mich mein kleiner Chiwackel (irgendwie ist da Chihuahua und Langhaar-Dackel drin), ganz ratlos an. Den Strand haben wir gefunden, dachte ich zumindest. Vielleicht ist es aber auch doch nicht die richtige Stelle...
Cheyenne steht bis zum Bauch im Schlick und ist unerhört empört darüber. Der Mud klebt in ihrem langen Fell und stinkt. Während ich dem vorwurfsvollen Blick ausweiche, stelle ich mir die Frage: „Wie soll ich den Hund wieder sauber kriegen?" Na, das geht ja gut los!
Zum Glück trage ich ständig diese Feuchttücher aus der Apotheke in meiner Tasche spazieren. Gebraucht habe ich die noch nie.... aber jetzt haben sie ihren großen Auftritt. Cheyenne duftet anschließend ganz verführerisch nach Zitrone und ich denke an eine Wattwanderung in Moddergatt vor ein paar Jahren.
Ein ähnliches Erlebnis, allerdings klebte und stank ich da. Aber das ist eine andere Geschichte...

Ich werfe noch einen letzten Blick auf das versunkene Land der Westerschelde und stelle mir vor, wie hier 1530 die Sturmflut den Ort Valkenisse unter sich begraben hat.
Waarde, wo mein momentanes Zuhause ist, liegt auf der Halbinsel Zuid-Beveland.
Nun werde ich mich nach Norden in Richtung Oosterschelde

orientieren und mir die Halbinsel Tholen anschauen. Mittlerweile fahre ich kreuz und quer durch die Polderwege, als hätte ich nie was anderes gemacht. Das ist zunächst etwas ungewohnt, weil die Straßen nicht sehr breit sind. Aber wo ein Panda ist, da ist auch ein Weg. Wenn ich auf Fußgänger, Radfahrer oder Reiter treffe, verlangsame ich mein ohnehin gemächliches Tempo oder bleibe direkt stehen. Ich habe Zeit.... viel Zeit. Dafür ernte ich dann in den meisten Fällen ein verdutztes Lächeln oder ein freundliches Winken der anderen Verkehrsteilnehmer. Unter uns: die Einheimischen rasen wie die Rowdys. Nicht gerade fein.

Inzwischen bin ich auf dem Weg Richtung Oesterdam. Ich biege ab auf die N659 und befinde mich schlagartig in einer anderen Welt.

Ein klarer „WOOUW"-Effekt breitet sich da vor mir aus. Zur Rechten sehe ich Wasser, umgeben mit Schilf, und eine große Kolonie von Wasservögeln. Ich habe noch nie so viele Schwäne auf einem Fleck und noch nie einen Ort gesehen, wo ein von Menschen gebauter Windpark so gut in die Landschaft passt. Das glitzernde Wasser, die saftige grüne Landschaft, die weißen Flügel der Windräder, das satte Blau des Himmels und die alles überstrahlende Sonne. Es ist wie die von einem Künstler gestaltete Bühne bei einer Theaterinszenierung. Einfach perfekt.

Eine kurze Anhöhe und die Kulisse steigert sich zu einem überraschten „WOW WOW WOW" als ich die obere Deichkante erreiche. Zu meiner Linken erstreckt sich in einer langgezogenen Bucht die Nordsee. Sooo toll! Nach wenigen Metern erspähe ich einen Parkplatz und biege ab. Das muss ich doch mal in Ruhe auf mich wirken lassen.

Über die gesamte Länge des Damms kann man auf gut asphaltiertem Belag fahren. Mit einem Anhänger ist es jedoch nicht ratsam hier zu parken, da der Weg sehr schmal ist und es keine Wendemöglichkeit gibt.

Es ist Ebbe, und ganz viele Menschen ziehen mit Eimern

bewaffnet in gebückter Haltung über den Strand. Ich glaube, die sammeln Muscheln und Austern. Auffallend sind hierbei die vielen vietnamesisch aussehenden Frauen mit Hut. Die sammeln was das Zeug hält, während die Männer, entspannt im Liegestuhl sitzend, vom Deich aus zusehen.

Ich erschrecke mich, weil mein Telefon klingelt. Na ja, klingelt ist nicht ganz richtig. Mein Klingelton ist die Miss Marple Filmmusik, passt halt zu mir.

„Komisch", denke ich, da mich sonst nie jemand anruft. Es ist meine Tochter, die mit mir etwas besprechen möchte. „Prima Homeoffice mit Blick aufs Meer" denke ich. Gefällt mir!

Nach einer guten halben Stunde mit meiner Tochter und dem Feilen an Formulierungen rund um ein Bewerbungs-Anschreiben bin ich beim Anblick der ganzen Strandläufer mutig geworden.

Ich werfe meine Schuhe in den Kofferraum und wate ebenfalls los. Mein Kumpel Björn hätte hier seine wahre Freude. Ihm ist es egal, wohin der Urlaub geht, Hauptsache ans Wattenmeer. *Lach!*

Die Hunde finden es auch gut. Der Strand ist fest und mit ein wenig Wasser bedeckt. Cheyenne hat anscheinend kein Trauma aus der Erfahrung der letzten Sand-/Wasserbegegnung vor einer guten Stunde davon getragen. Sie tollt ausgelassen herum und versucht, Lucy zum Spielen zu bewegen. Mir macht es auch richtig Spaß und ich ziehe einen kleinen elliptischen Kreis, in meinem Kopf den Albratos- Gesang. (Ihr wisst schon aus welchem Lied. *Lach!)*

Dieser Ort hier bekommt auf jeden Fall einen Extra-Sternchen-Ausrufezeichen-Sonderpunkt auf meinem Plattegrond (Landkarte).

Entdecker haben natürlich auch irgendwann Hunger. Als ersten Ort nach dem Oesterdam erreiche ich Poortvliet.

Ich komme an einem Bauernhof mit einer „levensechten Koe" im Vorgarten vorbei. *(HAA HAA, natürlich war es nur eine riesengroße Plastikkuh!).*

„Aha", denke ich, „die machen wohl was mit Milch." Da bietet sich selbstgemachtes Eis förmlich an. Das muss ich probieren... und werde nicht enttäuscht... es schmeckt fantastisch.

Hier, bei „De Schuur van Poortvliet" - sitzt man sehr gemütlich in umgebauten Apfelkisten, die nun eine Art Strandkorb sind. Coole Idee. Habe ich so noch nicht gesehen. Die Sitznischen sind locker im Vorgarten verteilt. „Sehr Corona-konform", denke ich und kann gar nicht verstehen, warum ich hier alleine bin. Macht nix – dann stört mich auch keiner. *Lach!* Hat schon was Gutes, abseits der Touristenströme unterwegs zu sein.

Ich genehmige mir zu dem Eis noch einen leckeren Cappuccino, der mir in Ermangelung eines Tisches auf einem kleinen Tablett serviert wird, das ich mir einfach auf die Beine lege.

Die Kaffeekomposition schmeckt ebenfalls hervorragend. Ich markiere diesen Ort im Geiste schon in meiner Hollandkarte. Muss man sich merken!

Wirklich satt bin ich natürlich nicht, doch lediglich 200 Meter weiter liegt der Campingplatz Kruytenburg. Den schaue ich mir jetzt an und da ein Restaurant angegliedert ist, kann man hier auch in einem wunderschönen Garten essen. Leider sitze ich.... und sitze... und sitze...und werde irgendwie vom Personal übersehen. Leute, die nach mir kommen, haben bereits ihre Getränke. Da schwillt mir langsam der Kamm, zumal die Bedienung sich sehr ausführlich mit den anderen Gästen über Gott und die Welt austauscht. Hätte ich nicht so einen Hunger, würde ich aufstehen und gehen. Doch ich bin bereits leicht unterzuckert und brauche jetzt relativ schnell etwas zwischen die Kiemen. Anscheinend bin ich dann aber doch nicht ganz unsichtbar... oder hat ein Hund gebellt? „Ach sorry, ik heb jullie niet gezien." „Ja", denke ich, „das du mich nicht gesehen hast, habe ich bemerkt". Ich nehme einen leichten Lunch zu mir und hake diesen Platz innerlich für mich ab. Das ist mir hier zu kommerziell. Die Besichtigung des angeblich sehenswerten Kräutergartens lässt man sich bezahlen. Aber nicht mit mir... und Tschüß! Und dabei kommt es mir nicht auf den Eintrittspreis an. Es geht ums Prinzip.

Ich reise weiter, immer der Intuition folgend, und komme nach Stavenisse.

Grundsätzlich, wenn ich einen Ort am Wasser besuche, steuere ich das Schild Richtung HAVEN an oder orientiere mich dahin, wo ich das Wasser vermute.

Ich habe heute schon einige Male gemerkt, dass es dabei viele spannende und unerwartete Aussichten zu bestaunen gibt. So auch hier.

Da auf meiner Entdecker-Route sehr wenig bis gar kein Verkehr ist, fahre ich meistens ziemlich langsam, um so die Landschaft links und rechts der Panda-Reifen besser aufnehmen zu können. In den Örtchen selber ist sowieso überall Tempo 30 angesagt, was durchaus zu begrüßen ist.

Und dann ist er da – dieser Moment, wo ich wieder laut „WOOUUW" rufe und damit die Hunde aus ihrem Schläfchen aufschrecke. Linkerseits hören die niedlichen kleinen Häuschen auf, und ich erblicke einen um so niedlicheren Hafen. Ich kann gar nicht so schnell blinken, wie ich abbiege.

Vor mir liegt eine richtige Postkartenidylle.

Boote dümpeln träge an ihren Tauen vor sich hin.

Eine Entenfamilie watschelt den Steg entlang und stürzt sich dann todesmutig ins Wasser. Eine Windmühle dreht sich. Sonnenbebrillte Menschen sitzen auf der Terrasse des einzigen Lokals und der Wind trägt Wortfetzen und Lachen zu mir herüber. Kinder spielen im Hafenwasser und springen von der Kaimauer ins Wasser. Die haben anscheinend ganz besondere Gene und sind bestimmt viel abgehärteter als so manches Großstadtkind, denke ich so bei mir.

Es ist sehr windig, und die Flügel der wunderbar restaurierten Windmühle aus dem Jahr 1801 (boah... 220 Jahre alt. Toll!) haben einen gehörigen Zahn drauf. Ich wusste gar nicht, dass die Rotation, solche enorme Geräusche macht, wenn die Flügel den Wind durchschneiden. Den Kampf konnte Don Quichotte ja gar nicht gewinnen. Hätte Rosinante ihn nicht warnen können?

Schade, dass ich satt und nicht durstig bin, sonst wäre mir ein Kaltgetränk auf der Terrasse sicherlich sehr entgegen gekommen. Vielleicht beim nächsten Mal.
Auf jeden Fall gibt es eine orange Textmarkerspur auf der Karte. Mit Ausrufezeichen! Man weiß ja nie, ob man nicht nochmal in die Gegend kommt. Stavenisse – ein echter Geheimtipp.
Ich verlasse den Hafen nach links und biege direkt in den ersten Weg links ein. Frau Google hat an dieser Stelle in Maps einen Fotoapparat platziert, was auf eine schöne Aussicht hinweist. „Noch schöner?" denke ich. Kann doch kaum sein.
Der Veerweg ist ziemlich schmal, aber es geht dann doch irgendwie, als mir jemand mit einem SUV entgegenkommt. Den immer gleichen, leichten Anstieg zum diesmal befahrbaren Deich unterlege ich im Geiste mit einem Trommelwirbel.

„Aufgepasst, meine Damen und Herren.
Hier kommt er.
Live und in Farbe!:
Ihr Ausblick!"

Ich parke mit offenem Mund den Panda. Vielmehr halte ich einfach irgendwo, denn auch hier bin ich wieder einmal alleine, und habe somit die freie Auswahl.
Zur freien Auswahl gesellt sich noch der Jackpot, den ich hier eindeutig gewonnen habe. Das „WOOUW", das an dieser Stelle fällig wäre, bleibt mir einfach im Halse stecken. Meine Sinne sind anderweitig beschäftigt und wollen die Landschaft, die sich vor mir wie das ausgerollte Plakat eines Reiseveranstalters erstreckt, erblicken. Was für ein Glück ich doch habe! Einladend stehen da die obligatorischen Bänke,

von der ich eine direkt mit Beschlag belege. Die Hunde lasse ich von der Leine, und es wird sich erst mal ausgiebig im Gras gewälzt. Das machen sie nur, wenn sie sich wohlfühlen.

Ich bin völlig geflasht. Das, was da vor mir liegt, ist mit das Grandioseste was ich je gesehen habe... und ich habe schon viel gesehen.

Ein „dünner Ort", würde die Schriftstellerin Raynor Winn zu diesem Platz sagen. Ein Ort, an dem laut keltischer Spiritualität, die Grenze zwischen dem Hier und dem Jenseits dünner ist, wo man also Gott näher ist. Genau so fühle ich mich.

Ich überblicke die Oosterschelde. Die Sonne spiegelt sich im Meer und lässt das Wasser glitzern, als wäre es von Goldkegeln durchsetzt. Segelschiffe ziehen flink ihre Bahnen und wenden zur richtigen Zeit, um die Thermik optimal zu nutzen. Dazwischen bewegen sich große Schiffe, eiserne Gesellen, die schwer beladen Antwerpen als Ziel haben oder hatten. Links liegt in der Ferne, langgestreckt, die Zeelandbrücke. Was für ein Bauwerk! Gegenüber erblicke ich die Halbinsel Noord-Beveland. Ganz natürlich liegt sie da, ohne störende Bebauung, gesäumt von einem Waldrand.

Das Auge kann sich gar nicht sattsehen angesichts dieser tollen Landschaft, die erst durch die von Menschenhand errichteten Abschließdeiche so geworden ist. Ganz großes Kino!

Besser kann der Tag nicht mehr werden. 5 Stunden Sightseeing liegen hinter mir, und ich bin nun doch etwas müde. So beschließe ich, voll gespickt mit Eindrücken, den Rückweg anzutreten. Dabei durchstreife ich auf meinen inzwischen lieb gewonnenen C-Wegen die Polder im Norden der Halbinsel Tholen rund um Sint Annaland.

Die Natur um mich herum gibt noch einmal alles und präsentiert sich mit einer kostenlosen Zugabe. Hier werden Blumen angebaut, und riesige Felder in allen Farben erstrecken sich zu beiden Seiten der Straße. Wie Kleckse in der Landschaft, von einem Künstler gemalt. Wunderschön!

Was für viele Erlebnisse an nur einem Tag!
Ich bin tief beeindruckt und danke jetzt schon meiner Intuition, dem Universum und meiner treuen Wegbegleiterin, Frau Google, die mich auf diesen Weg geführt haben.

Samstag, 24.7.21
Von Muscheln und Roombolletjes

Heute möchte ich meine (Heimat-)Halbinsel Zuid-Beveland erkunden. Deshalb entscheide ich mich für Yerseke als mein erstes Ziel.

Bereits am Ortseingang stoße ich auf ein überdimensionales Schild Richtung „Mosselboulevard" und denke „Uups! Touristenfalle!" Da ich wieder früh unterwegs bin, ergattere ich einen kostenlosen Parkplatz hinterm Deich und somit direkt an der Fußgängerzone gelegen. „Nun gut, dann mache ich halt heute mal das Touristenprogramm", und lenke meinen Schritt in Richtung Zentrum.

Yerseke entpuppt sich als gemütliches Örtchen mit alter Baukultur. Es ist sehenswert. Hier kaufe ich mir auch ein Schreibheft. Ich habe in den letzten zwei Tagen (wirklich nur zwei Tage? Unglaublich!) so viele Erlebnisse gehabt und Gedanken gedacht, dass ich den innerlichen Drang verspüre, dies alles als eine Art Reisetagebuch niederzuschreiben.

Doch zurück nach Yerseke:

Alle großen Muschelproduzenten haben hier ihre „Puts", in denen Muscheln und Austern gezüchtet werden. Große Tafeln entlang des „Boulevards" informieren über die Geschichte der Meeresfrüchte und der Menschen, die davon seit Ewigkeiten leben. Ich erfahre, dass die zur heutigen Zeit gezüchteten Austern aus Japan stammen, da die einheimischen Tiere in grauer Vorzeit alle erfroren sind. Die „japanischen Einwanderer" gelten aber mittlerweile als „echt zeeländisch." So sind sie, die Niederländer. Unkompliziert und herzlich. Ich liebe euch! *Lach!*

Hier gibt es ziemlich viele, ziemlich modern gestylte Restaurants. Aber auch „To Go" kann man an Ständen direkt „drauflos schlürfen". Die Preise sind allerdings überall unverschämt hoch. Na ja – wer's braucht! Ich auf jeden Fall nicht.

Einen orangen Marker gibt es trotzdem von mir, da das Dörfchen ja ganz nett ist und es mir zudem ein Schreibheft aus dem hübschen Geschäft DA-Novy beschert hat.
Ohne diesen Kauf hätten Sie jetzt nämlich nichts zu lesen! *Lach!*

Weiter geht es nach Wermeldinge. Wie immer halte ich mich Richtung Hafen und sichte erst mal die Lage. Ich parke erneut direkt hinterm Deich auf einer mit „P" gekennzeichneten Wiese. Natürlich kostenlos. Nur ein paar Stufen hoch und die Nordsee liegt vor mir. Es gibt hier sogar einen kleinen Sandstrand.
Die Aussicht erinnert mich genau an Den Helder. Dort, wo die Fähre nach Texel ablegt. In Den Helder ist an dieser Stelle das Restaurant 't Veerhuis mit Außenterrasse. Hier in Wermeldinge gibt es halt die Bank mit Aussicht. Ist ja auch was wert.
Ich mache es mir also bequem und beobachte Fußgänger mit und ohne Hunden, Radfahrer mit und ohne Elektroantrieb und Boote mit und ohne Wäsche auf der Leine.
Hinter mir, direkt hinterm Deich, ist ein neugebauter, knallroter Appartement-Komplex. Ich entdecke in einem der Fenster ein Maklerschild. „Te koop". Zum Spaß google ich den Makler und stelle fest, dass die Wohnung schlappe 845.000 € kostet. Wohlgemerkt, nicht der ganze Komplex..., neeeeiiiin..., nur eine Wohnung! Alter Schwede! Ist ja echt ein Schnäppchen. *Lach!*
Ein kleines Hüngerchen führt mich, nach einem kurzen Spaziergang entlang der Mole, hinter den Hafen zu Heidi's Bakkerij.
Ein tolles Geschäft! Soooo viel verschiedenes Backwerk gibt es hier, und der Duft ist himmlisch. Alleine davon läuft mir das Wasser im Munde zusammen. Ich entscheide mich für
1 Zeeuwse Bol (ist mir allerdings zu süß),
1 deutsches Mehrkornbrötchen (kann man wirklich als solches bezeichnen) und
1 Roombol (süßes Brötchen mit Vanillepudding gefüllt).

(Memo an mich: *saulecker!*) Letzteres verzehre ich auf meiner neuen Lieblingsbank auf dem Deich, zu der ich zurückgekehrt bin. Dabei denke ich an Puffeln in Willkomm-Höft, weil mir der Puderzucker wegen des Windes nur so um die Ohren fliegt.

Damals ging die alljährliche Tour unseres Damenkegelclubs nach Hamburg und wir machten einen Ausflug zur Schiffsbegrüßungsanlage in eben besagtem Willkomm-Höft.

Seit 1952 werden dort Schiffe aus aller Herren Länder mit ihrer Nationalhymne und der Ansage: „Willkommmen in Hamburg! Wir freuen uns, Sie im Hamburger Hafen begrüßen zu dürfen", empfangen. Der Verständlichkeit halber in der jeweiligen Landessprache.

Dazu erhalten die Gäste des „Schulauer Fährhauses" dann noch zahlreiche Infos über das vorbeiziehende Schiff.

Weil uns so viel Input hungrig machte, kauften wir uns einen süßen Snack am sehr günstig bereitstehenden Bäckerwagen.

„Eine Runde Puffeln für die Damen, bitte."

Ich verstehe, dass jetzt die Frage aufkommt, was denn wohl Puffeln sind.

Also: Puffel sagt man in meiner Heimat zu Berlinern.

Einwohner von Berlin nennen sie allerdings Pfannkuchen.

Wo ich wohne, ist ein Pfannkuchen ein Eierkuchen.

Die esse ich am liebsten in Holland mit Speck und Apfel.

Da heißen sie Pannekoken.

OKAY..., ich glaube, das führt jetzt zu weit. *Lach!*

Ich gebe zurück zu den Puffeln.

Also standen die Damen am Ufer der Elbe, jeweils bewaffnet mit einem Puffel, und lauschen der japanischen Nationalhymne. An diesem Tag herrschte allerdings eine steife Brise und wir hatten nicht bedacht, dass das Hefegebäck unserer Wahl mit reichlich Puderzucker bestreut war.

„Ach Kinders, NÄÄÄ!", was hatten wir für einen Spaß, als alle beim ersten Bissen ein frisch gepudertes Gesicht ihr Eigen nennen durften.

Merke: esse Puffeln und andere bestreute Köstlichkeiten in freier Natur NUR, wenn du deinen Körper nach LEE und nicht nach LUV ausrichtest.

Mit einem Glimlach *(niederländisch für Grinsen. Ich liebe dieses, wie ich finde, lustige Wort!)*, mache ich mich auf den Weg zum Auto.
Weiter geht es in Richtung Nisse.
Ich streife dabei einen Randbezirk von Goes.
Junge, Junge... hier wohnen die Reichen und Schönen! Schicke Einfamilien-Villen mit Boot im Vorgarten und Sportwagen vor der Garage. Nix für mich... weiter geht's.
Kurz vor dem Ortsschild überhole ich eine große Gruppe Menschen auf kleinen Motorrädern.
Ich parke gerade in Nisse am Dorfanger, da wird die herrliche Stille durch einen gehörigen Lärm unterbrochen. Die eben noch von mir überholten Zweiräder haben wohl das gleiche Ziel. Hunderte knatternde Maschinen rollen auf mich zu und beschlagnahmen kreisbildend die Wiese, die den Mittelpunkt des Ortes darstellt. Ich bin anscheinend mitten hinein geraten in die Tour des Zündapp-Fanclubs der Niederlande.
Tja – mittendrin statt nur dabei! *Lach!*
Das „Zündapp-Lied" wird mit Unterstützung eines E-Gitarre spielenden Mitglieds für die sozialen Medien in Szene gesetzt. Allerdings braucht es ein paar Versuche, bis das Ding „im Kasten" ist. Die rumstehenden „Zündappis" packen jedenfalls erst mal ihre Butterbrote aus und stärken sich.
Der E-Guitar-Man müht sich immer noch vor den wild mit Handys umherspingenden und gestikulierenden Offiziellen ab, und das Erkennungslied läuft in gefühlt zehnter Wiederholungsschleife.
Ich lach' mich kaputt und gehe weiter.
Es ist hübsch hier in Nisse. Ein altes Örtchen mit großer Geschichte. Dafür spricht die Kathedrale, die am Rande der parkähnlichen Anlage liegt. Hier wurde früher das Vieh am Teich getränkt, entnehme ich der Infotafel. Jetzt ist es ein

Domizil diverser Entenfamilien. Kleine geduckte Häuschen liegen dicht aneinander gedrängt rund um den Anger. Umso riesiger kommt die Kirche daher. Ich gehe rein und voll motivierte Ehrenamtliche möchten mir unbedingt etwas über die Geschichte des Doms erzählen. Ich bin jedoch nicht möchtend, da ich die ganzen Informationen sowieso nicht behalten kann. Also schaue ich mich kurz um und speichere meine eigenen Eindrücke. Aber gewaltig ist es hier ohne Zweifel schon.

Mir ist sowieso aufgefallen, dass die Orte an der Schelde toll sind. Schließlich waren es vor der Abtrennung durch die Schleusen früher alles bedeutende Hafenstädte. Was natürlich viel Reichtum mit sich gebracht hat. Damals hat man dann große Kirchen gebaut. Tja, so ändern sich die Zeiten. Wenn ich mal darüber nachdenke, kenne ich nur eine Kirche, die neu erbaut ist. Und das ist die Al Sahaba Moschee in Sharm-El-Sheikh in Ägypten. Die hat aber auch den „WOOUUW"-Effekt und würde auf jeden Fall eine Textmarkerspur mit einem Ausrufezeichen von mir bekommen.

Ich genehmige mir ein „Amstel Radler 0,0% zonder alcohol" mit Blick auf den Dom, und eine sich breitmachende kleine Müdigkeit lässt mich anschließend den Rückweg antreten.

Ich komme vorbei an Hansweert. Das ist zunächst nicht spektakulär. Allerdings fällt mir bei näherer Betrachtung und Studium der Straßenkarte auf, dass unter diesem Kanal, auf den ich gerade schaue, die Autobahn Richtung Vlissingen verläuft, die mich bisher immer schnurstracks zum Zielort meiner Wünsche nach Domburg oder Dishoek gebracht hat. Wenn ich hier das nächste Mal fahre, weiß ich jetzt, wie es über dem Autobahntunnel aussieht, und wie bereichernd und eindrucksvoll die Gegend ist.

34

Sonntag, 25.7.21
Und wenn du denkst, es geht nicht mehr... kommt von irgendwo ein Stromanschluss daher

Heute verlasse ich den Campingplatz in Waarde. War echt schön hier. Bevor ich fahre, will ich auf jeden Fall noch ein paar Flaschen von dem selbstgemachten Erdbeer-/Apfelsaft aus dem Straßenshop mitnehmen. Also marschiere ich mit einer Tasche bewaffnet nach vorne. Doch... „Och neee!" Der kleine Selbstbedienungsladen ist geschlossen. Ich bin enttäuscht. Damit hatte ich nicht gerechnet. Von meiner Campnachbarin erfahre ich, dass dies hier eine sehr religiöse Gegend und der Sonntag Vormittag dem Kirchgang gewidmet ist. „Oha" denke ich, das erklärt natürlich alles. Vielleicht stammt dieses Brauchtum ja noch aus der Zeit der Sturmflut, damals, vor 500 Jahren. In schweren Zeiten glaubt man ja gerne an Höheres.

Trotzdem bin ich irritiert. Wie kann man denn in der Hochsaison sonntags die Bürgersteige hochklappen, einschließlich Campingplatz und Gastronomie? Ich füge mich meinem Schicksal und fahre ohne Erdbeersaft von dannen.

Ich orientiere mich Richtung Norden. Die Halbinsel Schouwen-Duiveland lasse ich dabei bewusst links liegen, weil ich Orte wie Zierikzee, Veere und den Brouwersdamm, die natürlich auch sehr sehenswert sind, schon aus meinen unzähligen Aufenthalten in Walcheren kenne.

So erreiche ich die Halbinsel Goeree-Overflakkee. Hier entdecke ich zunächst aber nichts Aufregendes. Das kann natürlich daran liegen, das ich, mit Qekie im Schlepptau, nicht ganz so beweglich und eher vorsichtig bin, wo ich fahre und wo besser nicht.

Ich streife Herkingen und fotografiere die Mühle am Ortseingang, sowie die lustige weiße Kuhherde auf den durch Regen leicht gefluteten Polderwiesen (keine Angst, die Kühe stehen natürlich trockenen Hufes auf einem Hügel).

Dann fahre ich westwärts Richtung Ouddorp. In Camperkreisen durchaus bekannt, will ich mir selber ein Bild von der Gegend machen. GROOOSSER FEHLER! Memo an mich selbst: *Meide Touristenorte, die sind nix für dich!*
Der Beginn des Chaos liegt beim Wetter. Die Sonne sticht gnadenlos zu extrem schwüler und feuchter Luft. Deshalb google ich, finde etwas Passendes und begebe mich zu einem Ort im Wald, nahe zum Meer.
Denke ich zumindest.
Die Stelle erweist sich auch zunächst als schöner Rastplatz. Ich kann unter Bäumen parken und es steht auch die obligatorische Bank für mich bereit. Also gibt es erst mal Picknick.
Danach folge ich zu Fuß dem Weg zum Wasser. Das Wetter wird während dessen immer kribbeliger. Gewitter liegt in der Luft, und die Sonne schießt giftig heiße Strahlen wie Pfeile auf mich ab.
Nicht gerade gut gelaunt stelle ich dann nach einem ordentlichen Marsch fest (komisch, auf der Karte sah das gar nicht so weit aus), dass dem Meer hier ein sehr weitläufiges Naturschutzgebiet vorgelagert ist, welches nicht betreten werden darf. Davon hatte Frau Google aber kein Sterbenswörtchen erwähnt! Shit happens.
Also gehe ich zu Plan B über. Zurück zum Auto und einen Campingplatz ansteuern. Durch die Hitze ist meine Kühlbox im Qekie auch fast am Ende der Eiszeit angelangt... und ich hatte gestern noch für 30 € Proviant geladen. Dumm gelaufen.
Irgendwie will mir das blöde Handy keine Campingplätze anzeigen... das auch noch! Dann aber, warum auch immer, erscheint doch was, und ich folge der Routenführung.
Mitten rein nach Ouddorp. Das ist nicht das, was ich erwartet habe, und gefällt mir schon gar nicht. Aber ich bin ziemlich fertig und will nur noch irgendwo stehen und den Strom anstöpseln. Und eine Dusche zum Abkühlen wäre auch ganz großartig. Endlich sagt Frau Google: Sie haben Ihr Ziel erreicht. Und ich sehe.... NICHTS!

Der angebliche Campingplatz besteht aus vier feststehenden Caravans. Das war's. Na toll! Ich fange gleich an zu heulen. Kurz in Selbstmitleid zerfließend, strecke ich meinen Astralkörper der Sonne entgegen und denke „Nutzt ja nichts"... also weiter.

Ich biege mit meinem Gespann die nächste Straße rechts ab und stehe in einer Sackgasse. Mein persönlicher Supergau. Zuerst hatte ich heute kein Glück, und dann kommt jetzt noch Pech dazu.

Ich glaube, mein Puls ist mittlerweile bei 180 und der Blutdruck jenseits der 200. Ich zwinge mich zur Ruhe, was komischerweise auch funktioniert, und lerne ganz nebenbei das Rückwärtsfahren mit Anhänger. Ich verfluche dabei ganz anständig Google Maps, die Camper, die Ouddorp so toll finden, und auch mich selbst, weil ich darauf reingefallen bin. Normalerweise hätte ja jetzt mein Notfallplan gegriffen. Abkoppeln. Umdrehen. Ankoppeln. Aber zu diesem Manöver bin ich körperlich gerade nicht mehr in der Lage.

Ich kriege das Kunststück hin und befreie mich aus eigener Kraft aus den Klauen der Sackgasse, indem ich, langsamer als eine Schnecke, Millimeter um Millimeter zurücksetze... Geschafft!

Meine Hände zittern, und ich ertappe mich dabei, wie ich mir ein kleines Tränchen von der Wange wische. Ich entkomme der bösen Sackgasse und bete zu Frau Google: „Zeige mir den Weg zu einem Campingplatz!" Sie erhört mich.

RCN Toppershoedje erscheint dort, in güldener Schrift mit einem hellen Schein umlegt, auf dem Display. Ich glaube, ich halluziniere schon von der Hitze, schaffe es aber irgendwie der Route zu folgen.

Als welterfahrene Single-Camperin (*Lach!*) bleibe ich ja immer vor den Campingplätzen stehen und parke am Straßenrand, damit ich – falls kein Platz frei ist – ohne Rangieren weiterfahren kann. So auch hier. Also packe ich die Hunde, die ich bei den Temperaturen nicht im Auto lassen kann, und biege zu Fuß um die Ecke. Ich bleibe entsetzt stehen. Mein persönliches Grauen liegt vor mir. Direkt an der Schranke beginnt das Amüsierviertel für Vater, Mutter und Kind. Es ist sehr laut und sehr voll. Früher wäre ich von der überschäumenden Stimmung begeistert gewesen und hätte mich vielleicht sogar unters Volk gemischt. Doch einige Jahre und Krankheiten später, hat sich mein Feeling diesbezüglich (leider?!) total geändert, und ich möchte am liebsten sofort Reißaus nehmen und diesen Ort, so schnell wie möglich, weit hinter mir lassen.

Der Kopf schreit JAAAA. *(Lauf Forrest! Lauf!)*

Die Realität sieht aber so aus, dass der Körper nicht mehr laufen kann.

Die Beine des Körpers knocken den Kopf aus und gewinnen das Duell.

Die Füße entern die Rezeption.

In Touristengebieten wie hier ist die auch sonntags geöffnet. *Lach!*

Ich zahle ohne mit der Wimper zu zucken die verlangten 50,20 €. Ich wiederhole: 50,20 €! (bin ich eigentlich des Wahnsinns?) für ein kleines Quadrat Wiese für eine Nacht. In diesem Moment sind mir die Euronen aber herzlich egal.

Ich sage dem netten jungen Mann an der Rezeption noch, dass ich einen ruhigen Platz abseits des „Spielplatzes" möchte. Er guckt mich fragend an und meint „Rustig (ruhig) gelegen?" Seine Augen sagen mir, dass es das hier nicht gibt. Er hat sich aber unter Kontrolle, und gibt mir den weitest entfernten Platz von der Amüsiermeile.

Also bahne ich mir den Weg zur Pionroos 188 und koppele den Qekie ganz schnell ab. Direkt eilt mir eine Nachbarin zur Hilfe. Das finde ich sehr nett. Vielleicht hat sie gesehen, wie fertig ich bin.

Es ist, als hätte der Wettergott meine Odyssee verfolgt, denn kaum bin ich fertig, bricht unmittelbar das Unwetter los. Aus Kübeln schüttet Starkregen auf den Qekie, in den ich mich, mittlerweile halb bewusstlos, geflüchtet habe. Lucy hechelt ganz schlimm. Sie hat große Angst bei Gewitter. Viel

bekomme ich davon aber nicht mehr mit. Mein letzter Gedanke, bevor ich total erschöpft einschlafe, ist: Hauptsache, die Kühltruhe hat Strom. *Lach!*
Als ich nach zwei Stunden aufwache, ist die Luft nicht mehr so stickig, und ich fühle mich auch besser. Allerdings komme ich nicht mehr ohne Probleme aus dem Wohnwagen, denn vor der Türe steht jetzt ein See. Ich denke... 50,20 € für ein geflutetes Wiesenstück von 25 Quadratmetern.... aber Hauptsache die Kühlbox hat Strom. Na ja, mein Humor ist auf jeden Fall schon wieder zurück gekehrt. *Lach!*
Die Sonne scheint, die Luft ist klar, mein Körperakku aufgeladen, der Unternehmungsgeist erneut aktiviert. Also auf zu neuen Taten.
In einem der zahlreichen Prospekte, die überall zur Mitnahme ausliegen, habe ich ein Bild gesehen von einem Leuchtturm vor einer unberührten Strandkulisse. Das muss ganz in meiner Nähe sein. Also versöhne ich mich mit Frau Google und zoome über die Satelliten-Funktion zu meinem Traumstrand. Und einen Parkplatz gibt's dort auch vis-a-vis. Dies stelle ich erleichtert fest, denn große Wanderungen mag ich heute nicht mehr.

Eine halbe Stunde später stehe ich bis zu den Knien in der angenehm temperierten Nordsee. Die Hunde toben über den fantastischen, kilometerlangen Strand, der so kurz nach dem Gewitter, nur uns dreien alleine gehört.
Dieser Moment – das Wasser, der Sand, die Sonne, die Luft und der Blick auf dieses schöne Stück Natur - entschädigt mich vollends für den ansonsten ziemlich be...(scheidenen) Tag.
Hier gibt es keine Strandbuden, weshalb sicherlich auch zu anderen Zeiten nicht so viele Menschen diesen Ort besuchen.

Der Leuchtturm von Westhoofd auf Goeree- Overflakkee mit seinem sensationellen Strand steht in meiner Rankingliste ganz oben, und bekommt somit einen verdienten orangen

Textmarkerstrich.

Nach ausgiebigem Genuss von Sand und Meer, sowie einer handvoll gesammelter Muscheln, möchte ich jetzt aber doch wissen, ob Ouddorp das hält, was bei der Campercommunity so großen Anklang findet.

Die Straßenführung finde ich aufgrund der vielen Einbahnstraßen verwirrend. Letztlich finde ich aber einen der Parkplätze in Nähe des Zentrums. Die Runde durch den Ortskern ist dann auch relativ schnell beendet. Es ist ja schon spät, und die Geschäfte sind geschlossen. Dafür zieren gutriechende, schick gekleidete Menschen die diversen Restaurants rund um die Kirche und genießen ihr Abendessen. Eigentlich ganz süß hier. Doch ich komme mir mit meiner Shorts, den Sandalen und dem Sand an den Beinen ziemlich fehl am Platz vor. Zu einer anderen Zeit, vielleicht mit einem netten Menschen an meiner Seite, hätte ich das hier sicherlich genossen.

Einen kurzen Zwischenstop lege ich noch im kleinen aber feinen Hafen von Ouddorp ein. Hier gefällt es mir.

Anschließend fahre ich müde aber zufrieden zurück zum Campingplatz.

Ich schlafe tief und fest in dieser Nacht.

Montag, 26.7.21
Von Duschen und Pfützen

Zunächst möchte ich heute etwas ansprechen, was in erster Linie nicht direkt in Verbindung zum heutigen Tag steht, sondern einen Camper dauerhaft begleitet. Es ist das Thema Duschen auf Campingplätzen.

Es ist wirklich unglaublich, wie viele Varianten an Duschen es gibt.

Zunächst gilt es zu unterscheiden, ob die Wunderwerke der Körperbenässung „all inclusive" sind, oder extra entlohnt werden möchten. Bei der letzten Variante gibt es dann noch das Bezahlen mit Duschmünzen, die man käuflich bei der Rezeption erwerben kann, oder man bekommt heißes Wasser gegen passendes Münzgeld.

Bei den Bezahl-Duschen ist es ratsam, ganz schnell die Haare und den Astralkörper in Schaum zu legen und wieder abzuspülen. Schließlich weiß man vorher nicht, wie der Besitzer des Campingplatzes gepolt ist... sprich - wie spendabel ist er bei der Voreinstellung der Heißwasser-Zufuhr-Zeit. Da habe ich schon von ganz kurz bis gefühlt unendlich lang alles erlebt. Sogar Impulsduschen gibt es, die in immer kürzer werdenden Intervallen dem (Warm-)duscher anzeigen, wann Sense ist mit dem wohlig temperierten Strahl von oben. Wenn man diesbezüglich aber auf der sicheren Seite sein, und keine Überraschungen erleben will, macht man es am besten wie mein Kumpel Björn und nimmt direkt zwei Münzen mit. Ganz schön schlau, der Björn.

Bei den „Frei-Duschen" ist das natürlich alles entspannter, und man kann seinem gewohntem Rhythmus frönen.

Ich persönlich finde die fest in der Wand installierten Duschköpfe ganz furchtbar. Die mögen für 2-Meter-Menschen vielleicht Sinn machen. Ich messe allerdings gerade mal 158 cm in der Länge. Als Ergebnis spritzt das Wasser, wenn man Pech hat nicht nur den Körper, sondern die ganze Kabine einschließlich Handtuch, Klamotten und Schuhe nass.

Allerdings bewahrt hier ein geschultes Camperauge vor dem Duschen vor den schlimmsten Kollateralschäden, und man kramt im Vorfeld alles so, dass nichts passiert.

Ganz entspannt ist die Camperseele bei den Duschen wie zuhause, die die Temperatur über einfache Armaturen regeln, für die man im Vorfeld kein Physikstudium abgelegt haben muss. Wenn dann noch der Wasserdurchlauf ganz ordentlich und ohne Zeitbegrenzung ist, dann wird Körperpflege fast zu einem Campertraum mit Wellness-Charakter.

Gerne erinnere ich mich in diesem Zusammenhang zurück an die Dusche auf dem Campingplatz am Großen Meer in Ostfriesland. Die hat richtig viel Wasser rausgepladdert. Das ist natürlich nicht sehr nachhaltig und braucht 'ne Menge Energie ohne eingebaute Sparreduzierer; aber es war einfach herrlich!

Ich könnte noch eine Menge zu den Automaten sagen, die die Münzen verschlingen. Denn auch da funktioniert jeder anders, und ich habe schon mehr als einmal ratlos davor gestanden. Am besten fragt man in solchen Fällen andere Duscher, die durch Ihre Souveränität im Umgang mit der Technik auffallen. Dann klappt es auch mit der Körperhygiene.

So, nun aber zurück nach Ouddorp. Der Abschied von hier fällt mir nicht sehr schwer. Ich bin sicher, dass das hier für viele Menschen das Paradies ist. Zum Glück sind die Geschmäcker verschieden. Tschüß zusammen und macht et juud!

Für mich gilt es jetzt wieder, einen Damm zu überqueren. Ab zur nächsten Halbinsel: Voorne-Putten. Damit kehre ich Zeeland den Rücken und befinde mich in der Provinz Süd-Holland.

Nicht weit entfernt von Ouddorp überquere ich den Haringvlietdam. Ich muss mich höllisch konzentrieren. Es kommt gerade wieder Starkregen runter, und ich kann auf dem Damm nicht anhalten, um das Schlimmste vorüber ziehen zu lassen. Trotzdem nehme ich am Ende des Dammes den ellenlangen Rasenteppich auf der rechten Seite wahr und sehe das Schild „Stranden". Intuitiv setze ich den Blinker und verlasse die Schnellstraße. Was für eine gute Entscheidung! Die große Wiese entpuppt sich als Platz für „Dagcamping". Und „losloopende Honden" sind hier ausdrücklich erwünscht. Übersetzt heißt das, hier darf man tagsüber Campen, jedoch nicht übernachten, und Hunde dürfen ohne Leine Hund sein, solange sie sich benehmen.

Genau das brauche ich jetzt. Dazu noch der Blick auf den Haringvliet, das abgegrenzte Stück Nordsee... toll! Nicht ganz so toll ist, dass die Wiese durch den Starkregen, der zum Glück mittlerweile aufgehört hat, teilweise unter Wasser steht und total aufgeweicht ist. Überall Pfützen und kleine Seen. Was tun? Es gibt keine befestigte Wendemöglichkeit. Nur der nicht allzu breite Fahrweg bietet sicheren Untergrund. Ich möchte jedoch mit dem Gespann in Richtung Ausfahrt stehen. Man weiß ja nie, ob man nicht plötzlich flüchten muss, weil ein Gewitter die kleinen Pfützen in einen großen See verwandeln.

Also Augen zu und durch... beziehungsweise „rum". Zum Glück habe ich mit dem Panda nur einen sehr kleinen Wendekreis. Ich hole also ein wenig aus und wage mich mit einem Rad auf die durchweichte Wiese. „Bloß nicht stehen bleiben! Sonst fährst du dich fest", denke ich mit klopfendem Herzen. Engelchen und Teufelchen sitzen diesmal untergehakt beieinander auf dem Armaturenbrett und schauen sich die Aktion besorgt an. „Und wie immer ist kein Mensch in der Nähe", denke ich. Eigentlich ja immer wieder gerne mein Ziel, doch im Moment bin ich mir da nicht so sicher.

Meine Befürchtungen sind glücklicherweise ganz umsonst, es geht alles gut. Gewendet in Richtung Fluchtweg, parke ich ein wenig schief auf dem befestigten Weg. Genug Platz für andere Autos, um an mir vorbei zu kommen. Ich bin zufrieden. Die Hunde genießen ihre leinenlose Freiheit und ich mache zum

Cooling-Down ein wenig Pfützenspringen. *Lach!*

Wieder einmal genieße ich dieses Geschenk der Natur da vor meiner Nase. Der weite Blick über das Wasser, die Wolken, die Sonne, die mittlerweile wieder scheint, die Hunde, der Qekie, der Panda und ich. Meine kleine Welt ist in Ordnung.
Ich packe Tisch und Stuhl aus, und verbringe den ganzen Tag an diesem schönen Ort. Menschen mit Autos und Hunden kommen und gehen. Es ist alles ganz entspannt.
Hier ist auch der 1. Tag dieses Buchs entstanden. Die angenehme Stimmung an diesem Ort hat mich einfach inspiriert.
Etwas nervig war lediglich das riesige Windrad hinter mir, das den ganzen Tag vor sich hingequietscht hat. Da müsste mal der Windradwächter mit seinem Ölkännchen ran! *Lach!*

Gegen 19 Uhr werde ich dann aber unruhig, Sicher... ich könnte hier stehen bleiben. Aber ganz geheuer ist mir nicht dabei, zumal der Platz von der Schnellstraße aus einsehbar ist. Lieber nichts riskieren.
Also breche ich kurzentschlossen auf in den nächsten Ort: Hellevoetsluis.
Ach ja... dieses nette Fleckchen Erde hier, genannt Quackjeswater, wird natürlich orange gemarkert!

Hatte ich eigentlich schon erwähnt, dass ich ein Fan von leeren Parkstreifen bin? *Lach!* Genau so einer wird heute mein Nachtlager sein. Direkt am Wasser gelegen, und in Rufweite zum Roompot-Resort Cape Helius, verbringe ich hier eine entspannte und ruhige Nacht. Die vorbeifahrende Polizei lässt mich in Ruhe.

Dienstag, 27.7.21
Einen Clown zum Frühstück

Am Morgen ist es bedeckt, und es nieselt so vor sich hin. Trotzdem möchte ich den Ort nicht verlassen, ohne vorher den Hafen besichtigt zu haben. Außerdem brauche ich mal dringend eine Tüte Strom für mein Handy, da ich ja gestern und die ganze Nacht „ohne" war. Der Rundgang lohnt sich. Es ist alles sehr beschaulich. Der Leuchtturm, die Hafenanlage, die Boote, die Häuschen. Sogar die Bunker, die die Deutschen im letzten Jahrhundert hier meinten bauen zu müssen, schmiegen sich perfekt in das Gesamtbild ein. Man hat die nachfolgende Architektur einfach drumherum gebaut und die Bunker mit Gras bewachsen lassen, so dass sie nun aussehen wie Frodos Heimat in Herr der Ringe.
Ich entdecke einen Nautik- und Campingladen, in dem es alles mögliche zu bestaunen gibt. Ich stürze mich in Unkosten und kaufe mir eine kleine Zeeland-Fahne, wie sie normalerweise an Booten angebracht wird. Die kommt in meinen Garten an den Zaun, gleich neben dem Strandkorb, und soll mich an diesen schönen Urlaub erinnern.

Es ist noch recht früh, und die Gastronomie erwacht gerade erst nach und nach aus ihrem Dornröschenschlaf. Ich will jetzt sofort eine Steckdose, da mein Handy schon rum murrt und mir kundtut, dass es bald aus geht. Nach einer E-Bike-Ladestation habe ich bisher vergeblich gesucht. Die hätte es für meine Zwecke sonst auch getan. Steckdose ist Steckdose. Basta.

Ich finde ein bereits geöffnetes Lokal, trinke einen Kaffee und mein Handy darf ich auch aufladen. Nach 10 Minuten merke ich aber, dass man mich jetzt wieder loswerden möchte. Die noch freien Tische werden mit Kristallgläsern und anderem Bling-Bling eingedeckt. Bestimmt für die Mitglieder der High-Society, die sich nun langsam aus ihren Edelkajüten auf den noch edleren Jachten auf den Weg zum Champagner-

Frühstück macht. Da stört ein so gewöhnlicher „Nur-Kaffee-Kunde" wie ich natürlich. Ich habe verstanden, und verlasse mit immerhin 20% Akkuleistung den Edelschuppen.

Es hat sich jetzt richtig eingenieselt. Diese feuchte Kälte ist ziemlich unangenehm. Ich flüchte mich in den VVV (Fremdenverkehrsverein), und unterhalte mich ein wenig mit der dort arbeitenden Dame. Doch auch danach hat der Wettergott kein Einsehen. Leider gibt es hier in der Hafengegend keine Geschäftchen, durch die man mal schlendern könnte. Schade. Die Kulisse wäre perfekt dafür. So wandere ich an der Windmühle vorbei durch die Bunkeranlage zurück zum Auto. Unterwegs begegne ich noch dem Gästeführer von Hellevoetsluis, Michiel de Ruyter, der in seinem antiken Kapitänsoutfit mächtig was hermacht. Cool!

Heute will ich nicht so viel unternehmen. Ich suche mithilfe von Frau Google einen Minicamping in der Nähe und werde, nur 9 km entfernt, in Rockanje fündig. Auf gut Glück fahre ich hin und kann tatsächlich 2 Nächte bleiben. Die Besitzerin vom Minicamping Wilgenhoek kriegt sich angesichts des Qekies gar nicht mehr ein vor Freude, und macht Fotos für Facebook. Ich erzähle ihr die Geschichte meines kleinen Wohnwagens und stelle später fest, dass sie auch das mit gepostet hat. Wieder jemanden glücklich gemacht. Jedes Lächeln über Qekie 1 Euro... und ich wäre reich. *Lach!*

Inzwischen scheint auch die Sonne wieder, und ich baue sogar das Sonnensegel auf. Das muss dann beim kurze Zeit später folgendem Gewitterschauer auch gleich den Härtetest bestehen. Doch ich jongliere so lange mit Stangen, Heringen und Abspannschnüren, bis ich einen 1A-Wasserablauf hinkriege. Tja... der Mensch will beschäftigt werden. *Lach!*

Ansonsten ist heute Chillen angesagt. Ok... ein paar Seiten meines Buches sind trotzdem entstanden.

Abends fahre ich dann mal schnell ohne die Hunde ins Dorf. Ich brauche Bargeld für die Campingübernachtungen. Ziemlich altmodisch. Allerdings ist hier auch bei den Sanitärgebäuden die Zeit ein wenig stehen geblieben, doch das ist nicht weiter tragisch. Es ist sauber – nur das ist wichtig. Leider gibt es kein WiFi. Bedauerlich, denn es ist schon komfortabel, wenn man das hat und nicht auf die (in meinem Falle arg begrenzten) Megabites der mobilen Daten zugreifen muss.

Im Dorf gibt es einen Plusmarkt, der noch geöffnet hat. Der Rest (einschließlich des Geschäftes mit dem Bankomat) ist bereits geschlossen. Ich schaue auf meine Handyuhr und denke: „O.K., dem Glücklichen schlägt keine Stunde!" Es ist mit kurz vor 20 Uhr tatsächlich schon etwas spät. Dann zahle ich die Rechnung halt morgen. Fluchtgefahr besteht bei mir eher nicht. Schon gar nicht nach der ganzen Arbeit mit meiner Sonnensegel-Konstruktion. *Lach!* (Puuh- schon das 3. Mal „*LACH*" heute. Ob ich wohl einen Clown gefrühstückt habe?)

Ansonsten ist Rockanje klein und gemütlich. Alles, was man braucht, liegt direkt um den Dorfplatz verteilt. Sogar eine echte Eisdiele mit selbstgemachtem Eis gibt es. Muss ich morgen unbedingt mal probieren.

Mittwoch, 28.7.21
Von Stöckchen und anderen Aussichten

Heute nehme ich mir vor, einen Ort zu besichtigen, der gar nicht in das sonst eher ruhige und beschauliche Urlaubsbild passt, dass ich die letzten Tage so genossen habe.

Maasvlakte, der modernste Hafen Europas vor den Toren von Rotterdam, soll mein Ziel sein.

Unterwegs folge ich jedoch zunächst dem Schild Richtung Tenellaplas. Das ist das gerade wieder eröffnete, frisch renovierte Besucherzentrum am Rand der Dünen von Oostvoorne. Sehr Corona-konform muss man sich hier ein desinfiziertes Stöckchen nehmen. Das dient dazu, die zulässige Zahl an Besuchern, bezogen auf die Quadratmeter-Größe des Zentrums, zu kontrollieren und nicht zu überschreiten.

Leider weiß ich nicht, wohin mit dem Zählstock. Schließlich habe ich in jeder Hand eine Hundeleine. War eh' schon schwierig für die beiden Fellnasen, da Gitterroste den Eingang zum Haus bilden. Ein echtes No-Go für Hundepfoten. Da hat wohl jemand bei der Planung nicht ganz bis zu Ende gedacht. Diese Erkenntnis verstärkt sich dann noch, als ich den ausgestopften Fuchs in der Ausstellung entdecke, der auf dem Boden steht. Die Hunde finden es sehr spannend und ich kann die beiden gerade noch so weghalten, bevor die drei Vierbeiner nähere Bekanntschaft schließen können.

Dann werde ich auch noch von hinten in einem mir unverständlichen Kauderwelsch angesprochen. Nach ein wenig Hin und Her weiß ich dann, was die Dame von mir will. Warum ich denn kein Stöckchen hätte. Leicht entnervt krame ich in den Tiefen meiner Tasche. Das blöde Plastikteil, dass ich so toll aufrecht stehend in meiner Tasche drapiert hatte, hat sich bei der Fuchsrangelei erlaubt umzufallen, und ist nun nicht mehr für die Aufpasser sichtbar. Mein Puls hat nun endgültig das erlaubte Level überschritten, und ich verlasse, völlig entnervt, schnurstracks das Gebäude. Ich desinfiziere aber noch ordentlich das Stöckchen, bevor ich es zurück in den Eimer werfe. Ordnung muss sein. *Lach!*

Nach den ganzen ausgestopften Tieren möchte ich jetzt das Kontrastprogramm: Kräne, Container, LKWs und Meer.

Todesmutig stürze ich mich auf die N15 quer durch den Hafen. Es ist ein wenig einschüchternd. Mit soooo vielen riesigen LKWs hatte ich nun doch nicht gerechnet, und so schwimme ich mit meinem gelben Panda wie eine Quietscheente in einem Fluß aus Blechriesen. Ich weiß nicht so recht, wo ich hinfahren soll. Das hohe Tempo und Verkehrsaufkommen erlauben mir auch nicht gerade viele Blicke nach rechts und links. Also runter von der Schnellstraße und erst mal Luft holen. Ich folge der Ausfahrt Richtung Strand. Ist wohl doch eher mein Metier. Na ja, denke ich, was mag das wohl für ein Strand sein mitten in diesem riesigen Industriegebiet. Ich schraube meine Erwartungen nicht allzu hoch. So gelange ich zum Maasvlakteboulevard... was für ein toller Name für eine Deichstraße!

Ich bin hier allein auf weiter Flur zwischen den Dünen, und kann mir einen der gefühlt 1000 kostenlosen Parkplätze mit direktem Strandaufgang aussuchen. Als ich die Deichkrone nach ein paar, wirklich sehr gepflegten Treppenstufen erreiche, kann ich mein Glück kaum fassen. Es ist grandios: kilometerlanger, weißer, feinster Sandstrand, kräftiger Wellengang aufgrund des doch recht stürmischen Windes, das Wechselspiel von Wolken und blauem Himmel! Ich bleibe ein paar Minuten ganz andächtig stehen und nehme die gebotene Szenerie wie ein Ertrinkender in mich auf, atme die würzige Luft in vollen Zügen.

Warum ist hier nur niemand? Nun gut, Touristen sind mir die letzten Tage eh recht wenige begegnet, Deutsche schon gar nicht. Einige Kilometer weiter ziehen Kitesurfer ihre Runden.

Die scheinen diesen Hotspot zu kennen. Was für ein Glück ich doch wieder habe! Beach-Bingo, sozusagen. Ein eigener Privatstrand, (*Klappe, die 2.*), auf dieser Reise für die Hunde und mich. Ich schlendere am Wasser entlang und sammele ein paar Muscheln. Das sind für mich die schönsten Souvenirs. Sie werden später in meinem Garten zur Erinnerung drapiert, versteht sich von selbst.

Nun möchte ich aber doch den Hafen bis zum letzten Meter Festland erkunden. Gesagt – getan. Ich folge dem Maasvlakteboulevard bis er in den Prinses Maximaweg endet und fahre immer schön am Deich entlang bis mein Erkundungstrieb von der Schranke vor dem Ölterminal abrupt gestoppt wird. Ende Gelände... ab hier kann man nur noch nach England schwimmen. Da ich das nicht möchte, wende ich den Panda um 180 Grad. „Balkon von Europa" steht auf dem Schild, das ich nach ein paar Metern erblicke. Hört sich super für mich an, und tatsächlich ist dies ein Ort mit Aussicht, wenn man will auch direkt aus dem Wagen heraus.

Wie auf der großen Leinwand eines Autokinos reihen sich die riesigen Frachtschiffe, die man hier aus nächster Nähe bestaunen kann, wie eine Perlenkette aneinander. Hier ist die Hafenein- und Ausfahrt von Rotterdam.

Ich setze mich auf eine Holzbohle (*wieso gibt es hier denn keine Bank?*) und betrachte das Schauspiel. Auch die vielen, das mittlere Lebensalter bereits überschrittene, Männer mit ihren Kameras und unterarmlangen Teleobjektiven studiere ich ein wenig. Den hier vorhandenen Imbiss meide ich jedoch. Es riecht mir zu sehr nach nicht ganz frischem Frittenfett.

So viele Eindrücke haben mich müde gemacht, und ich möchte das Sightseeing für heute beenden. Doch oh Schreck... Frau Google meldet Stau mit einer Verzögerung von mehreren Stunden. WAAS? Stunden? Nicht Minuten? Na toll! Also warte ich besser hier an meinem Platz mit Aussicht als im Stau auf der Schnellstraße, beschließe ich.

Ein „Pling" aus meiner Jackentasche lässt mich allerdings nach ein paar Minuten aufhorchen. Google Maps war so frei und hat mir eine Ausweichroute geplant. Da bin ich dabei und werfe mich direkt hinters Steuer. Ich werde kreuz und quer durch den Hafen geleitet. Komisch... ich bin gar nicht nervös. Es macht sogar Spaß, und ich halte locker mit den ganzen Einheimischen mit... die wundern sich bestimmt über den deutschen gelben Panda, der sich da so sicher durch dieses Labyrinth bewegt. *Lach!*

Locker ziehe ich rechts an dem riesigen Stau auf der N15 vorbei. Aus den Augenwinkeln sehe ich einen umgekippten LKW und Container auf der Fahrbahn. Halleluja... das wird in der Tat noch dauern, bis das weggeräumt ist. Danke Google, dass du ein Einsehen mit mir hattest!

Kurz stoppe ich noch in Rockanje, hole Bargeld, und gönne mir das gestern selbst versprochene Eis. Es gelingt mir nicht, das Wort Pistazie unfallfrei auf Niederländisch auszusprechen. Macht aber nichts. Der weltgewandte Eisverkäufer versteht mich trotzdem. Als ich ihm einen Geldschein hinhalte, wackelt das lustige Schiffchen auf seinem Kopf hin und her, und er deutet auf das Gerät vor meiner Nase. Ein Bezahlautomat, der Bargeld und Kreditkarten schluckt und Wechselgeld herausgibt. Wie fortschrittlich, finde ich, und knabbere an meinem superleckeren Eis rum!

Donnerstag, 29.7.21
Welcome back!

… und es kam, wie es kommen musste: das mobile Guthaben vom Handy ist just heute morgen alle. Das ist ja eigentlich nicht so schlimm... allerdings kann man dann Google Maps nicht mehr bedienen... sprich... ich bin ab sofort ohne Navigator in einer mir unbekannten Gegend mit einem Wohnwagen im Schlepptau im Blindflug unterwegs. Hört sich nicht erstrebenswert an... ist es auch nicht.

Doch zunächst hält sich das Problem in Grenzen. Ich mache mich mit angekoppeltem Qekie auf ins nur wenige Kilometer entfernte Brielle. Das ist gut ausgeschildert, und ich bin schwer begeistert, sofort am Rande der Altstadt einen großen, kostenlosen, und zu dieser frühen Stunde noch leeren Parkplatz zu finden. Ich ziehe den obligatorischen elliptischen Kreis, so dass ich ohne Probleme später die Ausfahrt nehmen kann. Vorsichtig ist die Mutti der Porzellankiste! Na ja, so ähnlich war der Spruch. *Lach!*

Hier am Parkplatz ist praktischerweise direkt ein Jumbo Supermarkt. Allerdings sehe ich davon nur das Logo sowie eine recht kleine Glasbau-Konstruktion. Und Leute, die anscheinend auf einer Rolltreppe stehend, mit ihren Einkaufswagen in der Tiefe verschwinden. Hihi. Sieht lustig aus und ist eine coole Idee. Der Parkplatz erscheint mir auch recht neu und die Planer dachten wohl, warum die schöne Aussicht stören und den Platz verschwenden, bauen wir den Jumbo doch im Keller. Finde ich gut.

Brielle überrascht mich sehr positiv. Restaurierte Gebäude, süße kleine Boutiquen und Geschäfte, toller Hafen. Das Rundum-Zufrieden-Paket stimmt hier zu 100 %. Ich vergebe ein WOOW. *Lach!* Abzüge in der B-Note gibt es nur, weil ich gleich in zwei Cafés hintereinander wieder einmal übersehen werde. Doch ich halte mich an meine selbst gesteckte Vorgabe und erhebe mich, als später gekommene Gäste bereits gemütlich ihren Kaffee schlürfen und ich immer noch auf dem Trockenen sitze. Noch mal ärgere ich mich nicht über blödes Personal. Dann hat Brielle halt keinen Euro an mir verdient. Dumm nur, dass ich eigentlich Hunger habe. Dann koche ich eben auf dem Parkplatz. Ich habe noch frischen Lachs in der Kühlbox und sollte den ohne laufende Stromzufuhr auch nicht mehr ewig durch die Gegend schaukeln. Dazu eine Packung von diesem tollen, fürs Campen hervorragend geeigneten Fertigreis. Und voilà: Petra Bocuse hat gekocht.

Leider habe ich die Rechnung ohne den bekloppten SUV gemacht, der so nah an meinem Qekie geparkt hat, dass ich die Tür des Wohnwagens nicht aufkriege. Vorfahren ist auch keine Option, da der Parkplatz mittlerweile voll ist. Dann gibt es wohl doch kein Parkplatz-Lunch. Leicht wuschig schmeiße ich mich hinters Lenkrad und fahre. Tschüß Brielle!

„OK", denke ich, und fasse meine Lage in Gedanken zusammen. Ich habe Hunger, kein Internet und suche einen Campingplatz. Zudem ist es extrem schwül, die Sonne brennt erbarmungslos und sticht unangenehm. Hatte ich das nicht schon mal in ähnlicher Form?

Bereits mit leichten Anzeichen der Unterzuckerung löse ich zunächst das 1. Problem.

In Zwartewaal, dem Nebenort von Brielle, parke ich an der kleinen Mole und grille erst einmal meinen Lachs in der Pfanne. Frisch gestärkt schaue ich der Welt danach schon wieder etwas zuversichtlicher entgegen. Bisher habe ich nirgends ein Schild zum nächsten Campingplatz entdecken können. „Immer dann, wenn man es dringend braucht", denke ich frustriert. Ohne meinen Navigator bin ich mit Qekie im Schlepptau echt aufgeschmissen. Die Offline-Karten funktionieren auch nicht wirklich.

Wo will ich überhaupt hin? Ehrlich gesagt, weiß ich das nicht so genau. Nach Hause fahren? Nöö, noch keine Lust. Weiter nach Norden schließe ich ebenfalls aus. Die Inseln des Vordeltas sind hier zu Ende und „über" mir im Norden liegt mit Rotterdam und Den Haag dicht besiedeltes Gebiet. Da will ich nicht hin. Also bleibt nur, mich von Brielle aus auf der Halbinsel Voorne-Putten nach Osten zu orientieren. Schön unterhalb von Rotterdam im ländlichen Gebiet bleiben.

Ich lese Oud-Beijerland. Das gefällt mir. Die Landkarte zeigt nur wenig bis gar keine Bevölkerung. Mein Ding also. Na dann.... starten wir mal den Blindflug. In der Tat scheine ich in die richtige Richtung zu fahren, denn es taucht ein Wegweiser nach Oud-Beijerland auf. Allerdings ist das Schild mit einem Schiff und den drei magischen Buchstaben TOL versehen. Eine Fähre? Oh nein! Warum das denn? Nee, das muss jetzt wirklich nicht sein, wo ich eh schon leicht gereizt bin.

Und wenn du denkst, es geht nicht mehr, kommt von irgendwo noch was Schlimmeres daher. Ich gerate in den Ring rund um Spijkenisse. Oh weia! Es ist keine Orientierung mehr möglich und ich schwimme mit den Blechlawinen dahin. Ich kriege Migräne... dieses wilde Picken hinter meinem linken Auge. Das fehlt mir jetzt gerade noch. „OK, Petra. Ruhig bleiben... nützt ja nichts", versuche ich mir selber Mut zu machen. Ich schaffe es tatsächlich bis zum Ortsrand und befinde mich am Ende der Straße in einer (zum Glück sehr weitläufigen) Sackgasse bei den Sportanlagen der Stadt. Motor aus. Augen schließen. Durchatmen. Karte studieren. Zwei ältere Damen mit Hund kommen vorbei und wissen meine Situation direkt zu deuten. Nach einem netten Gespräch, in dessen Verlauf mir plötzlich ganz klar vor Augen steht, wo ich nun hinwill... erklären sie mir den Weg aus der Stadt heraus zur Autobahn.

Ich will zurück nach Waarde! Auf den netten kleinen Campingplatz hinterm Deich mit 100% super W-LAN und Kaninchen zum Streicheln und Erdbeereis aus Bügelgläsern und selbstgemachtem Apfelsaft und Duschen wie zuhause..... ich glaube, die Hitze lässt mich bereits leicht halluzinieren. *Lach!*

Trotzdem schaffe ich es noch irgendwie, die Wegbeschreibung der netten Damen in meiner bereits matschen Birne abzuspeichern. Ich muss den Ring um Rotterdam nehmen. Oh Gott.... das nicht auch noch! Als ich die *wirklich* netten Damen endlich losgeworden bin (mooie Caravan!), rufe ich bei „Zeeuws genieten" an und habe Iris direkt in der Leitung. Die muss erst ihr Notebook suchen (was das jetzt an Telefon kostet, oder ist das mit den überteuerten Roaminggebühren abgeschafft worden?). Doch dann erhalte ich das GO! von ihr. Ich kann kommen. Andere Leute haben abgesagt. Ich bedanke mich überschwänglich und fühle mich, als hätte das Paradies seine Pforten für mich geöffnet (ich muss wirklich aus der Sonne raus!). Ich sage ihr, ich bin in zwei Stunden da. Das ist meinerseits natürlich nur eine Schätzung. Denn
1. weiß ich nicht, wie weit es wirklich ist und
2. muss ich den Außenring von Rotterdam mit gehörigen Kopp-Ping (Kopfschmerzen) meistern.

Ich nehme einen großen Schluck aus meiner Wasserflasche und sage zu den Hunden: „Jetzt fahren wir nach Hause". Nun ja, in dem Moment ist halt ein Stück Rasen mit Zelten und Wohnwagen rechts und links, gelegen inmitten von Poldern, mein erklärtes Zuhause Erster Klasse.

Meine Schätzung war gut, denn knapp zwei Stunden später stehe ich auf „meiner Wiese" mit prima Internet und unendlicher Lebensenergie aus der Steckdose für die Kühlbox. Der Ring um Rotterdam war im Vergleich zu Brüssel und Antwerpen ein Klacks und Stau gabs auch nicht. Zudem hat mich die Klimaanlage im Auto sehr gut runtergekühlt.

Die Großfamilie mit den 5 etwas nervigen Kindern aller Altersstufen, ist immer noch im Safarizelt. Letzte Woche stand ich dahinter, nun daneben. Ich glaube, das ist im Moment der Platz, den die anderen Camper aufgrund der Geräuschkulisse nicht wollen. *Lach!* Doch was soll's. Ich fühle mich

angekommen und hole mir eine Flasche „Erdbeer-Apfelsaft aus eigener Produktion" aus dem Straßenshop.
Die Welt ist wieder in Ordnung!

Freitag, 30.7.21
Von Camping-Waschmaschinen und Homeoffice

Ich habe so viel gesehen und erlebt in den letzten Tagen, dass ich es heute in mein kleines Tagebuch niederschreibe. Dabei erlebe ich jeden Moment noch mal, als wäre er gerade jetzt.
Doch zunächst veranstalte ich große Wäsche mit meiner neuen Camping-Waschmaschine, einem blau-weißen Plastikteil. Die Anschaffung war nötig, weil meine alte Hundedame Lucy leider unter Inkontinenz leidet, und ihre Hundedecken dringend öfter einer Wäsche bedürfen. Das Gerät ist selbsterklärend, da mit nur zwei Schaltern versehen. Waschen und Schleudern, sowie Zeitvorwahl. Das kriege ich hin.
Ein Mädchen kommt vorbei und fragt, was ich da mache. Als ich ihr sage, dass das eine Waschmaschine ist, sieht sie mich ungläubig an und zieht mit vorwurfsvollem Blick und ohne ein weiteres Wort von dannen. Sie dachte wohl, ich will sie veräppeln. Sachen gibts. *Lach!*

Anschließend widme ich mich meinem Homeoffice.
Abends um 10 Uhr ist der letzte Satz zu Papier gebracht, und ich ziehe das Resümee des Tages:
- man kann auch auf einfache Art Wäsche waschen
- der Qekie ist als Homeoffice vollwertig einsetzbar (es fing zwischendurch an zu regnen und ich musste von draußen nach drinnen umziehen)
- die Hundedecken sind trocken
- das Tagebuch ist niedergeschrieben (PUUH: ganz schön viele Stunden den Griffel geschwungen!)
- Gute Nacht!

Samstag, 31.7.21
Rück- und Einschau

Ich habe in den letzten Tagen soooo viele Eindrücke gesammelt... es ist einfach unglaublich. Hier niederschreiben kann ich nur einen Bruchteil und hoffe doch, dass das Lebensgefühl, welches ich hatte, auf denjenigen, der diese Zeilen liest, zumindest zum Teil überspringt. Die Bilder, die mir rückblickend als erste in den Sinn kommen, wenn ich an diese wirklich außergewöhnliche Reise denke, sind der Oesterdam und der Blick von der Hafenausfahrt von Stavenisse.

Da werde ich heute nochmal hinfahren. Sozusagen als Abschlussritual. Ich werde morgen nach Hause fahren. Der ganze Input der letzten Tage will erst einmal verdaut werden. Am besten auf meiner Liege im Garten, womit sich der Kreis schließt.

Außerdem muss ich mal gucken, was mein Garten so macht, und ob der Robbie (mein Mähroboter) gut gearbeitet hat.

So mache ich zum vorerst letzten Mal die Runde über den Oesterdam und nach Stavenisse. Es ist ein Revival und doch ganz anders als vergangene Woche.

Am Damm sind jetzt anstelle von Muschelsuchern hunderte Kitesurfer unterwegs. Im Hafenbecken von Stavenisse gibt es anstelle einer Entenfamilie einen Stand-Up-Paddelkurs mit vielen fröhlichen Teenies. Ich gönne mir Apfelkuchen und Kaffee auf der Terrasse des immer noch einzigen Restaurants und zähle heute auch zu den Gästen mit den Sonnenbrillen.

Der weltbeste Ausblick über die Zeelandbrücke und die Oosterschelde von der Hafenausfahrt bei Stavenisse ist leider etwas geschmälert, weil ich dumme Nuss nur die dünne Regenjacke dabei habe, die dem heute etwas kühlen, sehr starkem Wind nicht standhalten kann.

Mich fröstelt etwas. Meine Fleecejacke liegt im Qekie. Doll! Trotzdem, oder vielleicht gerade deshalb, kann mir niemand die grandiosen Eindrücke stehlen, die ich beim Erblicken dieser wahrlich einzigartigen Landschaft abseits der Touristenströme hatte. Nicht nur hier, sondern ständig und überall in den letzten 10 Tagen. Danke dafür!

Am 1.8.21 bin ich um 12 Uhr mittags zuhause. Doch in Gedanken immer noch in diesem tollen Land, den Niederlanden. Ich bin stolz, Bewohner einer direkten Grenzgemeinde zu sein. Für ein Kopje Koffie oder ein Grimbergen brauche ich gerade mal ein paar Minuten zu Fuß über die Grenze, und es ist jedesmal ein kleiner Urlaub.

Irgendwann im August 2021
Nachlese

Ich weiß nicht genau, wann im Laufe dieser Entdeckertour ich die Idee zu diesem Reisebericht hatte. Doch mit den steigenden Eindrücken wuchs das Bedürfnis, es aufzuschreiben. Zum einen, um dem Vergessen vorzubeugen; zum anderen, um es mit meinen Eltern zu teilen, da sie aufgrund der Corona-Situation im Moment nicht reisen können.
So habe ich sie in Gedanken an den schönsten Orten immer auf die (obligatorische) Bank neben mich gesetzt.

Die Zeeland- und Brielle-Flaggen habe ich im Garten neben dem Strandkorb befestigt. Sie wehen bei aufkommender Brise aus Südwest.

Im Vorfeld hatten Papa und ich den Qekie noch ein bisschen „Upgegraded". Nun kann ich sagen: der Praxistest war erfolgreich!
Der Teppich ist nicht mehr verrutscht, die Toilettenklappe fällt mir nicht mehr in den Rücken, und die Stromversorgung der Kühlbox während der Fahrt funktioniert dank des Motorrad-Ladegeräts aus Papas Fundus super. Lediglich an die Pumpe des Wasserhahns müssen wir noch mal Hand anlegen. Wenn ich zur Ruhezeit nach 22 Uhr noch Wasser brauche (was eher selten ist), fallen die Nachbarn auf dem Campingplatz aus dem Bett, so laut ist die Pumpe. Mal sehen, ob wir die „verleisern" können.
Das machen wir morgen.
Ich habe mir Kaiserschmarrn gewünscht.
Den macht der Papa echt grandios.

Dieser Urlaub war wie Kaiserschmarrn.
Die einfachen Dinge und Orte
sind oft die Besten.

TEIL 2

ERBSENSUPPE

Mittwoch, 29.9.2021
Echt jetzt?

Immer wieder mittwochs,
kommt die Erinnerung.
Diebi diebi dip dip dipp.

Die kleine Abwandlung dieses Hits der Siebziger von Cindy und Bert, spiegelt so ungefähr wider, was mich die letzten Tage beschäftigt.

Ich habe mich doch eben tatsächlich dabei ertappt, wie ich mit meiner, in den letzten Wochen schmählich vernachlässigten Vertrauten, Frau Google Maps, geflirtet habe.

Bis vor wenigen Tagen war ich mir noch ziemlich sicher, dass mein Reiseabenteuer, welches ich vor zwei Monaten erlebt habe, *(echt jetzt, schon zwei Monate her?)* einmalig war, und ein Anfang und ein Ende hatte.

Doch, wenn ich ehrlich bin, muss ich mir eingestehen, dass ich süchtig geworden bin.

Süchtig nach den Bänken mit Aussicht.

Süchtig nach den Überraschungsmomenten.

Süchtig nach den letzten Sekunden vor dem WOW-Effekt, wenn sich der Vorhang auf der Bühne hebt, und mir eine berauschende Landschaft den Atem raubt.

Wenn die Augen sehen, die Nase riecht, die Zunge schmeckt. Wenn die aufgestaute Erwartungsenergie mit einer innerlichen Trompetenfanfare wie ein Tischfeuerwerk explodiert.

Ich trinke einen Kaffee am Küchentisch und schaue raus in meinen Garten. Die Bäume, die in den Sommermonaten kräftig und saftig waren, werfen bereits erste Blätter ab. Das Laub wandelt sich von grün zu gelb, rot und braun, in zig verschiedenen Farbnuancen.

Der Herbst hat begonnen, das ist unverkennbar.

Der Wetterbericht im Radio spricht von einem Sturmtief über der Nordsee, und tatsächlich fegen die ersten kräftigen

Ausläufer in Form von Sturmböen bereits durch den Wald hinter dem Gartenzaun. Die Bäume ächzen und biegen sich unter der gewaltigen Blätterpracht, die noch genug Angriffsfläche bietet, und sich dem starken Wind mit ihrem verletzlichen Schutzschild entgegenstreckt.

Ein Gewitter zieht mit einigen Donnerschlägen und einem kräftigen Schauer als Verbündetem über mich hinweg. Einige Minuten später ist der Spuk vorbei, die Sonne strahlt erneut und es ist windstill.

Meine Gedanken kreisen, und ich gönne mir einen Riegel Schokolade zu meinem Kaffee. Vielleicht hilft ja Zucker bei der Entscheidungsfindung.

Soll ich dem inneren Drang nachgeben und mich doch noch einmal in diesem Jahr mit dem Qekie auf die Socken machen? Mein Blick fällt erneut auf den Handy-Bildschirm. Es sind nur 186 Kilometer bis Ossenisse, dem Ort an der Schelde, westlich von Antwerpen, den ich vor zwei Monaten bereits ansteuern wollte. Ich ziehe eine leichte (Denker-)Schnute und bin der Meinung, 186 Kilometer sind ja so gut wie nichts.

Ich könnte doch jetzt..., oder?

Zunächst weise ich den Gedanken weit von mir, aber wie durch ein Wunder sitzen plötzlich die beiden Gesellen auf meinen Schultern und tauschen sich in einem heftigen Dialog aus.

Teufelchen: „Der Qekie ist nicht isoliert, und es ist abends feucht und kalt. Denk an deine alten Knochen!"

Engelchen: „Wir haben doch einen Heizlüfter. Der macht die gefühlten 6 Kubikmeter Wohnraum in Null Komma Nichts warm und gemütlich!"

Als Vermittler gehe ich an dieser Stelle schon mal dazwischen, nehme provokativ das Heizkissen aus dem Schrank und lege es auf die just in diesem Moment gegründete Urlaubs-Utensilien-Sammelstelle.

Teufelchen: „OK, OK! Aber es regnet und stürmt und schneit."

Engelchen: „Jetzt übertreib' mal nicht so maßlos, wir haben gerade mal Herbstanfang und nicht tiefsten Winter."

Ich ziehe Resümee aus dem Geplänkel der beiden und schnappe mir meinen Jack Wolfskin-Mantel, sowie Halstuch, Mütze und Handschuhe. Dabei fallen mir die Hundemäntelchen entgegen und sie landen ebenfalls auf dem Sammelplatz. Der Berg ist jetzt schon höher als das komplette Equipment, welches ich noch vor 8 Wochen dabei hatte. Vielleicht hätte ich mir gestern doch nicht die Reportage auf ZDF-info über den sibirischen Winter bei -50 Grad ansehen sollen. Nun ja, den Bikini, die Sommersandalen und das aufblasbare Einhorn kann ich diesmal zu Hause lassen. *Lach!*

Zur Sicherheit google ich aber den 16- Tage Trend für die Küste. Ab und zu ein Schauer, ab und zu ein Windchen, ab und zu ein Wölkchen, ansonsten aber Temperaturen bis zu 20 Grad.

„20 Grad?" denke ich, nehme die Shorts aus dem Schrank und überlege, ob ich den Mantel wieder im selbigen versenken soll. „Nee, lieber nicht. Besser ich Habe als ich Hätte", murmel ich vor mich hin, und tröste mich mit dem Gedanken, dass die Staukästen im Qekie sowieso immer leer sind, und sie so nun endlich mal eine Aufgabe bekommen. Angestachelt durch das große Platzangebot, wähle ich noch zwei Fleecejacken aus. Die dicke, mit Puschelfell gefütterte, und eine etwas dünnere, die sich prima unter dem Regenponcho macht. Die leichte Übergangs-Steppjacke rundet dann letztendlich das Angebot ab.

Die ersten drei Wäschebütten sind voll und könnten theoretisch in den Qekie verfrachtet werden. Doch ich zögere, bin mir noch nicht zu 100% sicher, ob ich überhaupt fahren soll. Ich werde eine Nacht darüber schlafen und schauen, wie ich mich morgen fühle. Kann ja sein, dass ich dann alles wieder in den Schrank packe; die Idee, Anfang Oktober mit meiner Arthrose Campen zu fahren, als einen nicht klaren Entscheidungsmoment abtue, und das Camp-Projekt für dieses Jahr als beendet erkläre.

Ich mache es mir mit einem Buch gemütlich, merke aber, dass ich nicht voll bei der Sache bin. Hab keine Ahnung, was auf den letzten 10 Seiten stand.

Mit einem Seufzer klappe ich das Buch zu und ertappe mich bei dem Gedanken, dass ich im Netto doch schon mal einen Kasten Wasser holen könnte. Den brauche ich ja, auch wenn ich nicht weg fahre, über kurz oder lang.

Während ich darüber noch nachsinne, knallt es draußen erneut. Überrascht schaue ich aus dem Schlafzimmerfenster, und kann dabei das Teufelchen nicht übersehen. Es steht auf dem Fensterbrett und tanzt wie Rumpelstilzchen um ein imaginäres Feuer. Dann reckt der rote Geselle seinen Dreizack in die Luft, schreit „JAAA", und draußen fängt es an zu hageln. Ich fasse es nicht! „Boah eh!" Engelchen sitzt auf der Nachttischlampe und verdreht die Augen. „Dass der immer so maßlos übertreiben muss!" Just in diesem Moment lassen die Weather Girls es im Radio Männer regnen.

Dieses Lied setzt ja bei Frauen einen Automatismus in Gang. Auf Partys stürmen dann normalerweise 80-95% der weiblichen Gäste die Tanzfläche und schreien wild hüpfend „It's rainig men. Hallelujah! It's raining men. Amen!"

Doch auch im heimischen Schlafzimmer verfehlt der Song seine Wirkung nicht. Engelchen und ich rufen „Frauenpower!!!" Wir klatschen uns ab und legen gemeinsam eine flotte Sohle aufs PVC-Parkett. Dabei recken sich unsere Arme im Takt der Musik in die Luft, als ob wir Äpfel vom Baum der Erkenntnis ernten wollen. Ich bringe dabei fast die Hängelampe zu Fall.

Teufelchen guckt uns an, als hätten wir sie nicht alle, zieht eine Grimasse, wendet sich ab, und schaut aus dem Fenster. Schwefelhaltiger Rauch dringt aus seinen Ohren, und bildet eine kleine Wolke um seine Hörner.

Draußen scheint wieder die Sonne und ich denke „Na, geht doch!"

Ich koche einen Yogitee und gönne mir noch einen Riegel Schokolade. Mit mir zufrieden, stelle ich die Arbeiten für heute ein. Morgen ist ja auch noch ein Tag und sicherlich gibt es dann auch noch Sprudelkästen im Netto.

Donnerstag, 30.9.2021
Ausgebremst

Nachdem ich nun eine Nacht darüber geschlafen habe, fühlt sich mein gestriger Urlaubsgedanke auch heute noch richtig gut an.

Also ziehe ich den Qekie per Hand vom Parkstreifen vors Haus, damit ich den Strom für die Kühlbox anschließen kann. Als ich die Handbremse anziehe, macht es ein Geräusch, das sich nicht ganz so gut anhört. Das meint die Bremse wohl auch, denn sie hat ihre Arbeit eingestellt. „Was für eine Schei..." entfährt es mir und sofort gehe ich zeitgleich in Gedanken alle Möglichkeiten durch, um mein Problem zu lösen. Als erstes rufe ich Papa an. Das ist immer gut. Der meldet sich allerdings nicht. Bei näherer Überlegung wird mir klar, dass er mir sowieso dabei nicht helfen kann.

Zum Glück ist in direkter Nachbarschaft eine Kfz-Werkstatt und entschlossenen Schrittes mache ich mich auf den Weg zum Fachmann. Der meint, er kommt gleich mal gucken. Das beruhigt mich erst einmal ungemein. Besser wäre es allerdings gewesen, wenn ich gefragt hätte, wann „Gleich" denn ungefähr ist, denn ich warte... und warte... und warte... bis ich 4 Stunden später keine Lust mehr habe zu warten, und mal kurz telefonisch nachfrage.

Die versprochene „Viertel Stunde, dann bin ich da" wird zu einer, dann zu zwei Stunden, und meine Laune verschlechtert sich mit jeder weiter verstreichenden Minute zusehends. Ich google, was neue Handbremsseile für meine Oldtimerdame kosten. Der Preis geht gerade so, die Lieferzeit jedoch nicht. Na prima, wenn die aber erst bestellt werden müssen, sind meine Reisepläne dahin. Schließlich ist damit zu rechnen, dass die Witterung zusehends kälter und ungemütlicher wird. Aber zum Glück sind Szenarien, in die man sich in Gedanken richtig rein steigern kann, in der Realität dann meistens doch ganz anders und oft gar nicht so schlimm. Denn als der Meister wenig später da ist und sich die Sache beguckt, meint

67

er: „Nee, da ist nichts gerissen. Da schweiße ich eine Öse drauf, und dann geht es wieder".

Mensch, bin ich froh, denn das hört sich an, als bräuchte ich meine Geldbörse nicht völlig plündern. Und morgen Nachmittag um 14 Uhr ist er fertig, verspricht mir der Mann mit der Latzhose.

Wenn das keine guten Nachrichten sind! Dann kann es ja weiter gehen mit den Vorbereitungen. Der emotionale Aufwind lässt mich aktiv werden.

Die Tankstelle hat Benzin, und der Netto einen Kasten Sprudel für mich.

Das Jacken-Konglomerat passt problemlos in den Staukasten.

Freitag, 01.10.2021
Wetterorakel

Was ist denn nur mit dem Wettergott los? Es werden Sturmböen und Regen für die Küste vorhergesagt. Das hörte sich vor ein paar Tagen aber noch ganz anders an. Aufgrund der angekündigten Wetterkapriolen bin ich immer noch nicht sicher, ob ich fahren soll. Das werde ich dann morgen früh spontan entscheiden. Der Qekie ist auf jeden Fall repariert und am Nachmittag, komplett gepackt, abfahrbereit.

Samstag, 02.10.2021
Bitte Einsteigen und Türen schließen.
Vorsicht bei der Abfahrt!

Die Würfel sind gefallen. Die Sonne scheint und es ist windstill. Ich werde fahren. Mir ist natürlich klar, dass das Wetter sich im Laufe des Tages ändern wird. Aber vielleicht schaffe ich es ja im Trockenen bis zu meinem ersten Ziel.
10.13 Uhr Abfahrt
10.22 Uhr Willkommen in den Niederlanden
10.45 Uhr Willkommen in Belgien
12.30 Uhr Willkommen in den Niederlanden
13.02 Uhr Willkommen auf Ihrer 1. Bank mit Aussicht

Es ist ein merkwürdiges Gefühl, am vertrauten Antwerpener Ring diesmal links abzubiegen, wo ich doch sonst immer rechts herum fahre. Den Kennedytunnel, vor dem es mich beim letzten Mal noch so gegraust hat, meistere ich mit Bravour. Hat auch gar nicht wehgetan. *Lach!* Mit 1374 Metern ist er auch gar nicht so furchteinflößend lang wie gedacht, und man kann bei der Einfahrt schon fast das einfallende Licht am Tunnnelende sehen. Ich hatte da eine andere Vorstellung.
Allerdings mache ich eine unfreiwillige Hafenrundfahrt durch Antwerpen, da ich wohl eine Abfahrt zu früh genommen habe. Über Eisenbahnschienen und laut bimmelnde unbeschrankte Bahnübergänge, geht es vorbei am Baumwoll- und Tabakterminal, sowie dem Euroterminal. Ich wundere mich nicht, dass ich hier wieder einmal alleine unterwegs bin. Ganz viele Toilettenhäuschen und Abfallcontainer alle 100 Meter sagen mir allerdings, dass das hier unter der Woche wohl ganz anders aussieht.
Tatsächlich schaffe ich es bis nach Emmadorp, ohne einen Tropfen Regen abzukriegen. Ich parke direkt am Deich und werfe einen Blick auf des Versunkene Land, das ich vor zwei Monaten bereits von der gegenüberliegenden Scheldeseite gesehen habe. Der Leuchtturm von Waarde ist gut sichtbar, in

Gedanken winke ich mal kurz rüber zu meinem Wohlfühlcampingplatz „Zeeuws Genieten" und nehme einen imaginären Schluck Erdbeer-Apfelsaft.

Bei dem Besucherzentrum auf der gegenüber liegenden Straßenseite hat die Schuhputz-Station mit Bürsten meine ungeteilte Aufmerksamkeit. Prima Sache für die Wattwanderer. So eine Infrastruktur hätten wir damals in Moddergat auch gut gebrauchen können.

Entlang des Deichs fahre ich weiter, und kehre in Paal beim Paviljoen 't Schor ein. Einlass ist allerdings nur mit gültigem Covid-QR-Code möglich. Das Scannen via Handy funktioniert problemlos, und so bin ich in den erlauchten Kreis der Gäste aufgenommen. Ich gönne mir eine Portion Bitterballen und ein dunkles Starkbier. Weit fahren will ich ja heute nicht mehr, da geht das schon mit dem Gerstensaft.

Am Nebentisch sitzen faszinierende Menschen. Sie könnten aus einem Barnaby-Krimi entsprungen sein. Es sind wohl zwei Familien mit ihren erwachsenen Söhnen. Man ist gewillt, sie mit „Eure Lordschaft" anzusprechen, da sie in der Tat ein sehr aristokratisches Aussehen haben. Einer der Jünglinge könnte dem Aussehen nach ein direkter Nachfahre von Prinz Charles sein. Die ganze Gesellschaft trägt karierte Hemden mit Strickpullundern. Dazu Kniebundhosen mit dicken Socken. Alles farblich perfekt aufeinander abgestimmt in gedeckten Erdtönen. Schuhe haben die Herrschaften keine an. Die Gummistiefel stehen am Eingang. Beim Reinkommen dachte ich noch, das wäre Deko. *Lach!* Dabei gehören sie dem Landadel, der sich hier offensichtlich nach einer Wattwanderung stärkt.

Draußen gibt es eine Ladestation für E-Bikes. Laden tut hier allerdings ein SUV mit eigenem Adapter. Sachen gibt's. Ob das wohl so angedacht war vom Betreiber des Restaurants? Kann ich mir nicht vorstellen. Zukünftig mache ich mir keine Gedanken mehr, wenn ich mal in Notfällen mein Handy an einer solchen Säule mit Saft versorge.

Ich fahre weiter.

Skurril wird es, als ich in Walsoorden an einem Karnevalswagen-Friedhof vorbeikomme, der in der Karte als Museum ausgewiesen ist. Ich glaube, hier hat schon lange niemand mehr ALAAF gerufen. Die Wagen sind zur Hälfte mit Gras überwuchert und das lässt die Figuren ziemlich spooky erscheinen.

Mittlerweile ist der Wind stark aufgefrischt und der versprochene Regen ist ebenfalls mit von der Partie.

Am Zeedijk in Perkpolder parke ich als einzige auf dem wunderbar asphaltiertem, riesigem Parkplatz direkt an der Mole mit Blick auf die vorbeifahrenden Schiffe. Im Sommer ist hier bestimmt der Bär los, weil es einen Sandstrand mit angeschlossener Gastronomie gibt. Diese ist nun allerdings geschlossen, und keine Menschenseele ist weit und breit zu sehen.

Kurzerhand beschließe ich, hier die Nacht zu verbringen. Strom für die Kühlbox brauche ich jetzt im Oktober nicht mehr so dringend. Nur dumm, dass ich meine Taschenlampe vergessen habe. Hoffentlich komme ich in den nächsten Tagen an einem Action vorbei. Bis dahin muss es dann wohl oder übel mit der Handy-Beleuchtung gehen.

Gegen 18 Uhr sind die Windböen richtig heftig. Der Wohnwagen wackelt ganz schön, und ich frage mich kurz, ob ich hier an der Mole, etwa zwei Meter über dem Wasserspiegel der Nordsee, sicher stehe. Schließlich ist der Qekie kein Amphibienfahrzeug.

Ich entscheide, dass es sicher ist, weil etwa 100 Meter weiter auf gleicher Höhe drei Wohnhäuser stehen. Die müssen es ja wissen.

Der Abendspaziergang muss wegen des schlechten Wetters leider ausfallen.

Kalte, feuchte Luft kriecht mit und mit durch die Ritzen meiner Behausung und es ist mittlerweile doch recht frisch im

Qekie. Ich aktiviere den Gaskocher und mache mir einen Tee. Dadurch wärme ich mich und den Wohnwagen etwas auf.

Dachte ich vor zwei Stunden noch, dass Hochwasser eventuell zu einem Problem werden könnte, werde ich nun eines Besseren belehrt. Der Wind hat sich zu Orkanböen gemausert, und wirft sich ungebremst mit voller Wucht gegen den ungeschützt stehenden Wohnwagen. Draußen ist es stockdunkel. Eine Beleuchtung gibt es nicht, und meine Taschenlampe liegt sicher und geborgen zuhause in der Küchenschublade.

Mir wird von Minute zu Minute unwohler.

Als eine enorm starke Böe den Qekie, die Hunde und mich unfreiwillig für einen Wimpernschlag schweben lässt, springe ich auf und weiß, dass wir uns jetzt dringendst selbst evakuieren müssen, weg hier vom offenen Wasser und rein ins nächste Dorf, um Schutz zu suchen. Doch zunächst bin ich gefangen und bekomme die Türe gegen den Sturm gar nicht auf. Ich lehne mich dagegen und gewinne tatsächlich einige Zentimeter. Gleichzeitig bin ich darauf gefasst, dass der Sturm mir die Tür aus der Hand reißt, wenn er sie nur zu packen bekommt. Das will ich verhindern, immerhin könnte die Aufhängung der Tür bei dem unweigerlich eintretenden Aufschlag beschädigt werden.

So wird aus dem Drücken ein gleichzeitiges Ziehen, und ich bin von dem mir entgegen schlagenden Starkregen sofort nass. Der Vorhang flattert unkontrolliert umher und lässt sich beim besten Willen nicht bändigen. Egal, einen Vorhang als Kollateralschaden kann ich verkraften, einen verwehten Qekie nicht.

Ordentlich wie ich war, hatte ich natürlich bei Ankunft den Wohnwagen abgekoppelt, damit die Last nicht auf der Anhängerkupplung und somit auf den Federn des Pandas ruht. Das bereue ich just in diesem Moment, denn ohne Licht und mit reichlich Wind und Regen um mich herum, gestaltet sich das Ankoppel-Manöver recht schwierig. Dass ich auch noch die 4 Wohnwagenstützen einfahren muss, macht die Sache dann endgültig zur Tortur.

Aber ein MIMIMI in Form von Selbstbedauerung kann ich mir gerade nicht leisten. In dieser Ausnahmesituation funktioniere ich einfach nur, und zwar sicher und zielgerichtet, auch wenn Hände und Beine zittern.

So schaffe ich es tatsächlich, mit wehendem Vorhang den Platz zu verlassen. Viel sehen tue ich dabei allerdings wenig, weil die Autoscheiben sofort beschlagen sind, und ich meine Brille sicherheitshalber vor der Aktion im Qekie gelassen habe, um sie vor Beschädigung zu schützen. Da ich aber eh die einzige verrückte Menschenseele bin, die bei diesem Wetter draußen ist, schleiche ich mit meinem Gespann im Schneckentempo über den Weg zurück zur Hauptstraße, und entscheide mich an der Kreuzung einfach spontan für rechts. Was auf dem Wegweiser steht, kann ich ohne Brille nicht lesen. Ist mir aber gerade auch ziemlich schnuppe. Das kurze Zeit später auftauchende Ortsschild lässt mich aufatmen und ich entere den, soweit ich das erkennen kann, erstbesten Seitenstreifen. Ich halte an, checke die Lage, und bin mit dem Ergebnis zufrieden, denn ich kann ganz normal das Auto verlassen ohne direkt vom Winde verweht zu werden.

Puuh, das hätten wir geschafft. Gerade noch mal gutgegangen.

Ich kann sogar schon wieder lächeln, als ich den pitschnassen Vorhang, der von außen am Qekie klebt, als wollte er ihn zärtlich umarmen, mit zwei Fingern zur Seite schiebe, um an das Schloss vom Wohnwagen zu kommen. Die Hunde stehen starr und steif auf dem Bett und gucken mich entsetzt an. Lucy, die alte Dame, hat ja schon viel in ihrem Leben gemeistert. Fahrrad, Bus, Flugzeug, Aufzug, Elektroscooter, Sesselseilbahn, Rolltreppe, Surfbrett, Zug... jetzt kann die Liste der Fortbewegungsmöglichkeiten noch um eine Wohnwagenfahrt ergänzt werden. Herzlichen Glückwunsch!

Die Wohnwagenstützen können mir aber für heute Nacht gestohlen bleiben und bleiben wo sie sind, nämlich eingefahren. Da muss der Panda jetzt mal durch! Ich liege ja eh hinten und verringere somit die Stützlast durch

Eigengewicht. Hätte nie gedacht, dass mal jedes Kilo ein gutes Kilo sein kann. *Lach!*
In dieser Nacht träume ich von herumfliegenden Feen in weißen Gewändern, die von Männern in grünen Lodenmänteln und Gummistiefeln quer durch englische Wälder mit Gewehren gejagt werden. Ansonsten aber schlafe ich wie ein Stein. *Lach!*

Sonntag, 03.10.2021
Von Kaninchen und fliegenden Holländern

Als ich meine Fahrt bei bewölktem Wetter und leichtem Nieselregen fortsetze, sehe ich, welche Ausmaße der Sturm gestern hatte. Abgebrochene Äste und frisches Laub liegen teilweise noch auf der Fahrbahn, und so fahre ich vorsichtig im Slalom den Küstenweg entlang. Am Radarturm von Ossenisse mache ich kurz halt.

Eine frei zugängliche Wendeltreppe erlaubt den Aufstieg auf den Turm, von dem man garantiert eine ganz tolle Aussicht über die Schelde und die Landschaft hat. Ich entscheide mich jedoch für die kleine Aussicht von unten, da die Stufen aus Gitterrosten bestehen, die bei der Witterung sicherlich ziemlich rutschig und außerdem nicht für zarte Hundepfoten gemacht sind. Das hatten wir ja schon mal. Muss nicht wiederholt werden.

Die obligatorische Bank mit Aussicht, die hier selbstverständlich vorhanden ist, kann mich auch nicht locken. Es ist mir einfach zu nass, und so fahre ich weiter nach Terneuzen.

Aus dem Niesel ist mittlerweile ein penetranter Dauerregen geworden. Schade. Ich finde zwar einen tollen Parkplatz in Nähe der Altstadt, bin aber unschlüssig, ob ich uns dreien das bei der Wetterlage zumuten soll.

So studiere ich die Ortslage über die Satellitenfunktion von Maps, und sehe, dass lediglich einmal um die Ecke ein „Action" ist. „Oh super", denke ich. Gestern in Gedanken beim Universum bestellt, heute schon frei Haus geliefert! Dann fällt mir ein, dass heute Sonntag ist. Doch auf dem Handybildschirm steht „Mäßig besucht". Ach na klar! Ich bin ja in Holland, da ist alles möglich.

Wenige Minuten später erreiche ich den Zielort und bin ich schwer begeistert. Hier sind alle Geschäfte, die man zur Abdeckung des täglichen Überlebens so braucht, wie Perlen um den Parkplatz drapiert. Ich belege dann mal drei Parkplätze am Rand des Geschehens und besuche den „Action".

Knapp zehn Euro Investition … und zack… bin ich um eine Stirnlampe, einen 200 Lumen Inspektionsstift, die dazugehörigen Batterien und Hundeleckerchen reicher. Hunderegenmäntel hatten sie leider nicht. So lasse ich meinen Blick noch einmal über die Fronten der ansässigen Konsumtempel schweifen und entscheide mich, dem „Big Bazaar" noch einen Besuch abzustatten. Leider ohne Erfolg. Regenmäntel für Hunde gibt es auch hier nicht. Egal!

Ich checke die Wetterapp, welche besagt, dass es um 14 Uhr nicht mehr regnen soll. Sogar die Sonne soll scheinen, was ich mir gerade beim Blick aus dem Fenster überhaupt nicht vorstellen kann.

Also lese ich was und koche mir Bratkartoffeln mit Leberkäse. Damit ziehe ich den Blick von einigen Passanten auf mich. Scheint gut zu riechen da draußen. Ist schon praktisch, wenn man Küche, Wohnzimmer, Schlafzimmer, Bad und Büro auf nur 2 mal 3 Metern in rollender Form dabei hat.

Tatsächlich hört der Regen um 13.49 Uhr auf, und ich mache mit den Hundis einen Spaziergang durch die Stadt. Die Fußgängerzone ist allerdings verwaist. Kaum zu glauben, aber ich habe wieder mal den „Ich bin alleine hier" Status. Das nennt sich dann wohl „City-Bingo". *Lach!*

Ich komme am Haus des „Fliegenden Holländers" vorbei. Der Kapitän des Geisterschiffs fuhr wider besseren Wissens am Ostersonntag auf See. Während der Fahrt geriet das Schiff in ein Unwetter (*wie das enden kann, habe ich ja selber fast in ähnlicher Form erlebt, lach*), und kehrte nie wieder zurück. Seitdem spukt es hier wohl manchmal, weil der Kapitän durch einen Fluch dazu verdammt ist, bis zum jüngsten Tag mit seinem Schiff auf dem Meer herumzuirren, ohne in einen Hafen einlaufen oder Erlösung im Tod finden zu können. Soweit die Legende.

„Porgy und Bess" fällt mir noch ins Auge. Eine anscheinend legendäre Musikkneipe, wie ich aus den ganzen Konzert-Vorankündigungen an der Scheibe schlussfolgere. Leider ist das Lokal an diesem Sonntagnachmittag geschlossen. Schade.

Da wäre ich gerne auf ein Getränk eingekehrt. Hätte bestimmt Atmosphäre gehabt, der Schuppen.

Von wegen Sonne... es regnet mal wieder und ich trete eilenden Schrittes den Rückmarsch an.

Ich schwinge mich hinters Steuer und fahre weiter Richtung Westen. Nach kurzer Fahrt erreiche ich Breskens.

Ich kann einen guten Parkplatz beim Plus in der Ortsmitte ergattern. Blaue Streifen auf dem Boden sagen mir, dass man hier eine Parkscheibe braucht. Ohne wird es richtig teuer. Das bestätigt mir auch ein Mann, der interessiert um mein Auto schleicht und den Qekie fotografieren möchte. Es stellt sich heraus, dass er aus der gleichen Gegend kommt wie ich, nur 4 Kilometer von meinem Wohnort entfernt. Zufälle gibts.

Dies scheint hier sowieso ein sehr beliebter Ferienort bei deutschen Urlaubern zu sein, denn ich höre mehr deutsch als andere Sprachen beim kleinen Rundgang durch die City.

Ich besteige noch einen Aussichtsposten (diesmal ohne Bank) und kann über die Düne hinweg das Meer sehen.

„OK Breskens. Jetzt weiß ich, wie du aussiehst", denke ich mir, steige ins Auto und fahre weiter der Sonne entgegen.

Ich folge der N675 und passiere Boerenhol, oder „Bärenhöhle", wie der Mann auf dem Parkplatz meinte. Frage mich, wie der von Boeren, zu deutsch Bauern, auf Bären kommt. Spontan fällt mir dabei das Wort „Pektofant" ein. Das habe ich in Bulgarien erfunden, weil „Restaurant" in kyrillischen Buchstaben nunmal aussieht wie „Pektofant". Das Wort hat damals Einzug in meine eigene kleine Sprachwelt gefunden, und zumindest Familien-Insider wissen, wovon ich rede, sollte es mal um Restaurants gehen. *Lach!*

Groede, mit seinem laut Facebook legendärem Strandcamping, lasse ich rechts liegen. Ich erinnere mich mit Schrecken an das letzte Mal, als ich, damals in Ouddorp, der Campergemeinde geglaubt habe. So mache ich keine Anstalten, den Blinker zu setzen, um abzubiegen. Außerdem wohnt da der Parkplatz-Nachbar, von dem ich nach 10 Minuten Gespräch schon dermaßen reichlich Input bekommen habe, dass ich das als genug empfinde, und den Kontakt nicht weiter ausbauen möchte.

Es ist mittlerweile 16 Uhr und so langsam sollte ich mich nach einer Übernachtungsmöglichkeit umsehen.

Cadzand spricht mich beim Durchfahren mit seinen feinen weißen Häusern an. Es erinnert mich auf den ersten Blick an Domburg. Doch schon bin ich wieder raus aus dem Ort, und ein Wäldchen mit einem Parkplatzschild ködert meine Aufmerksamkeit. Das Meer kann gefühlt an dieser Stelle nicht weit weg sein, und so biege ich ab und inspiziere den Parkplatz.

Parken gegen Bezahlung von 9 bis 18 Uhr. Gültig bis zum 15. November und ganzjähriges Übernachtungsverbot. Genau mein Ding. Ohne mit der Wimper zu zucken werde ich gegen alle Regeln verstoßen. *Lach!*

So einfach lasse ich mich nicht verschrecken. Ich drehe eine Runde über den riesigen Parkplatz, dessen Wege wunderbar von Bäumen und Sträuchern gesäumt sind. Die Kaninchen, die hier friedlich vor sich hin grasen, halten im Kauen inne und schauen mich verwundert an. Um die Zeit ist hier wohl sonst niemand unterwegs. Das freut mich natürlich, und so parke ich versteckt am hintersten Ende und fahre die Stützen runter.

Eigentlich bin ich müde, aber ich überwinde den inneren Schweinehund und mache einen Abendspaziergang durch die Dünen zum Meer. Die Sonne scheint, als wäre nichts gewesen. Das durchgestrichene Ortsschild „Zomerdorf Het Zwin" lässt mich nun auch wissen, wo ich eigentlich bin.

Ich komme an Galloway-Rindern vorbei, die hier für die Landschaftspflege zuständig sind. Kräftige Burschen, die eine große Ruhe ausstrahlen. Natürlich steht etwas erhöht auch eine Bank mit Aussicht. Dieses Modell kenne ich noch nicht. Zwei Einzelsitze, verbunden mit einem Tisch. Ein 1-A Picknicktool. Toll!

Ein Stück weiter begegnet mir die Berg-Bank. Auf der höchsten Düne steht sie da, und gewährt einen Ausblick, über das Seegras und die Sanddornbüsche hinweg, bis zum Meer.

Sehr schön!

Ein paar Schritte weiter, und schon hat man den Strandpavijoen Zeemeuw (Seemöwe) erreicht. Und er ist sogar geöffnet. Ich überlege, mir ein Bierchen zu genehmigen, mache aber stattdessen eine kleine Wanderung am Strand entlang. Die Hunde haben wie immer ihren Spaß im Sand. „Eindeutig Touristengebiet", denke ich, denn hier bin ich diesmal nicht allein, habe sozusagen kein Strand-Bingo. *Lach!* So mache ich mal was Neues, und fotografiere die ganzen Sonnenuntergangs-Fotografen, die ihre Kameras auf Stativen platziert haben, um im richtigen Moment den Auslöser zu drücken.

Das Bier verkneife ich mir, da es fast 19 Uhr ist, und ich keine Lust habe, im Dunkeln alleine durch die Dünen zu meinem lauschigen Privatparkplatz zu wandern.

Die Gegend bekommt meine 1. orange Textmarkerlinie. Es gefällt mir hier sehr gut, und ich kann mir vorstellen, nochmal vorbei zu schauen. Vielleicht für einen längeren Urlaub, auf einem der umliegenden Campingplätze.

80

Montag, 04.10.2021
Ali Baba ist eine Frau

Die Nacht war prima, absolute Stille um mich herum. Fauna und Flora fühlen sich hier sichtlich wohl, so ganz ungestört. Ich schiebe den Vorhang ein wenig zur Seite und schaue den Kaninchen beim Frühstück zu. Wenn ich ganz genau lausche, kann ich sogar das Rauschen des Meeres hören.

Nachdem die Hunde und ich versorgt sind und der Hausputz (Tasse und Teller feucht abwischen) erledigt ist, spanne ich das gelbe Panda-Rösslein an. Ich will gerade einsteigen, als der Reinigungsdienst der Gemeinde um die Ecke biegt, um die eh leeren Mülleimer zu leeren. Die Männer gucken verdutzt, und ich setze mein schönstes Lächeln auf. Die hatten wohl auch nur mit Kaninchen an diesem entlegenen Teil des Parkplatzes gerechnet. Tja, und ich,- ich hab hier natürlich gerade erst geparkt... versteht sich. *Hihi.*

Aber mich fragt keiner. *Lach!*

Das Wetter meint es heute gut mit uns, und die Sonne läuft dem im Herbst üblichen Morgendunst den Rang ab.

Ich fahre gerade zwei Minuten, als ich irritiert den merkwürdigen Straßenbelag wahrnehme. Es holpert und poltert und der Qekie macht ungewollte Luftsprünge. Nicht gut!

Ein plötzlicher Adrenalinstoß lässt mich die Realität erkennen. „Oh Nein! Ich bin schon in Belgien". So schnell hatte ich nicht damit gerechnet. Ich hab mich ja noch nicht mal richtig von meiner geliebten Niederlande verabschieden können!

Ich komme an einer Ampel vorbei. Ampel? Wie rückständig mir diese Lichtzeichenanlagen plötzlich vorkommen. Stehende Autos warten darauf, dass sie fahren dürfen und verpesten solange die Luft mit Abgasen. An holländischen Kreisverkehren fließt der Verkehr immer, und wenn man einmal das System mit den mehrspurigen Kreiseln verstanden hat, ist es auch völlig entspannt.

Na ja, nutzt ja nichts, ich wollte ja unbedingt die Nordseeküste länderübergreifend erkunden. Dann muss ich das jetzt halt so nehmen, wie es kommt. Also willkommen in Belgien! Ich bin eindeutig gestresst.

Aufgrund von Straßensperrungen komme ich ab von der Route am Meer vorbei, und gerate durch Umleitungen einige Kilometer ins Landesinnere. Als ich auf einem C-Weg lande, bin ich bereits versucht, wieder kehrt zu machen, und mein Belgien-Projekt endgültig ad acta zu legen. Es ist unmöglich, dass zwei Autos auf dieser schmalen Rumpelstrecke aneinander vorbei kommen. Entweder muss ich, der Gegenverkehr, oder beide auf den, von tiefen Schlaglöcher-Seen durchzogenen, unbefestigten Rand neben der Straße ausweichen. Ich könnte kotzen. Möchte nicht wissen, wie meine Wohneinrichtung hinter mir das Ganze verkraftet.

Ich halte Blankenberge als Ziel an. Hier ist das mit dem Autofahren noch mal etwas schwieriger, weil an der ganzen belgischen Küstenlinie eine Straßenbahn fährt, und man neben Autos, Ampeln, Umleitungsschildern, nun auch noch auf Schienen und Bahnen zu achten hat. Definitiv kein Wellness-Spaziergang für mich.

Im Prinzip ist die „Kusttram" eine tolle Sache. Wenn ich hier Urlaub machen würde, wären die 68 Haltestellen zwischen De Panne und Knokke sicherlich mindestens einen Tagestrip wert. Will ich aber nicht, ich meine, hier Urlaub machen. Diese ganzen Hochhäuser in erster Strandlage, zum Teil richtig hässliche Klötze, sind nicht das, was ich mir unter einem Ferienparadies vorstelle.

Frau Google sagt dazu: „An der 65 Kilometer langen, sandigen Küste befinden sich 15 Badeorte, alle mit einem eigenen Charakter und einer einzigartigen Atmosphäre".

Das kommentiere ich jetzt mal nicht. Wahrscheinlich war ich nur an den für mich persönlich falschen Orten.

Am Ortseingang von De Haan oder wie der Franzose sagt: Le-coq-sur-Mer kann ich kurz parken, und einen Blick über den Strandboulevard werfen. Es gefällt mir nicht. Ich bin gefrustet und erkläre mein Belgien-Projekt damit für beendet. Knapp zwei Stunden in diesem Land haben mir gezeigt, dass wir keine Freunde werden, auch wenn ich mich noch so sehr anstrenge. Der Küste weiter folgen macht für mich keinen Sinn, zumal mir das belgische Wegenetz nicht behagt. So fälle ich die Entscheidung:

Vive la France!
Frankreich, ich komme!

Beim Verlassen von De Haan fallen mir viele restaurierte Villen auf. Hier herrscht wohl noch das Flair der alten Bäderkultur vergangener Zeiten. Eigentlich hübsch. Leider muss ich auf die Straße achten. Aber registriert habe ich es zumindest. Vielleicht bin ich ja irgendwann noch mal in der Nähe, dann mache ich hier das Touristen-Sightseeing-Programm. Doch jetzt konzentriere ich mich auf den Besuch... nein – nicht der alten Dame – sondern der fränkischen Nachbarn, falls man das so sagen kann.

Mein Plan ist, den 1. Campingplatz im 1. Ort hinter der belgischen Grenze zu nehmen, um Frankreich erst mal auf mich wirken zu lassen. Immerhin betrete ich absolutes Neuland. Wenn ich mich unwohl fühle, kann ich notfalls schnell wieder verschwinden,

OK, natürlich bin ich nicht das erste Mal in Frankreich. Ich war schon in Paris und auch an der Cote d'Azur. Aber das waren organisierte Reisen. Da wurde ich im Bus durch die Gegend geschaukelt, man drückte mir einen Hotelschlüssel in die Hand, setzte mir Mahlzeiten vor, und der Bus spukte mich an den Sehenswürdigkeiten aus, um mich nach einem im Vorfeld festgelegten Zeitplan, wieder in seinen Bauch zu laden und wohlbehalten zurück zur Herberge zu bringen.

Das hier ist aber etwas ganz anderes. Hier muss ich trotz Sprachbarriere selber agieren. Den Französich-Internetkurs, den ich mir zur Auffrischung meines vor 35 Jahren erworbenen Schulwissens vorgenommen hatte, habe ich natürlich noch nicht absolviert. *Lach!*

Direkt hinter der ehemaligen Grenze, die   durch das

Schengener Abkommen nur noch an dem Länderschild „France" zu erkennen ist, bin ich in einer anderen Welt. Die Häuschen sind kleiner und wirken teilweise etwas „ausgefranst", sage ich jetzt mal liebevoll. Das hat aber auch einen gewissen Charme und ich denke: Willkommen bei den Sch'tis. Dieser lustige französische Film könnte tatsächlich hier gedreht worden sein. Ich werde später Frau Google zu dem Thema befragen.

Doch zunächst einmal möchte ich jetzt Quartier beziehen beim Camping du Perroquet.

Am Häuschen der Rezeption stehen drei Männer und ich stammel in Englisch etwas, das sich anhört wie: „I want to stay for two nights".

Der Mann schüttelt jedoch den Kopf und will mir mit einem französichen Wortschwall etwas zu verstehen geben. Etwas ratlos schaue ich ihn an. Doch da! Das entscheidende Wort habe ich verstanden: „Fini". Das deute ich folgerichtig als „Geschlossen".

Und nun? Das Frankreich-Abenteuer geht ja gut los. Nach einigem Hin und Her funktioniert es dann aber doch mit der Völkerverständigung und ich weiß, wo der nächste geöffnete Campingplatz ist.

Der Hauptstraße ca. 5 Kilometer folgen, dann an den Ampeln jeweils rechts und irgendwo da ist der Municipal Camping von Bray-Dunes. „Dann wird Municipal wohl so etwas wie Gemeinde oder Kommune heißen?", geht des mir durch den Kopf. Wahrscheinlich! Na, da bin ich ja mal gespannt. Der Ortsname Bray-Dunes hört sich für mich jedenfalls schon mal wie ganz großes Kino an. *Lach!*

Ich finde den Campingplatz, und tatsächlich liegt er am Ortsrand direkt neben dem Dünen-Naturschutzgebiet, nur knapp 150 Meter vom Meer entfernt. Perfekt!

Aus der Rezeption werde ich mit einem Fingerzeig auf meinen Mund direkt wieder des Platzes verwiesen. Ach jaaaa! Da war ja mal was! In Frankreich gilt der „Pass Sanitaire" und man nimmt das mit den Corona-Schutzregeln sehr ernst. Ganz anders als in Holland und Belgien. Da muss ich mich erst wieder dran gewöhnen.

Frisch maskiert bringe ich erneut mein Anliegen in Englisch vor. Bei einem Blick auf meinen Personalausweis meint die Dame hinter dem Tresen dann: „Wir können uns auch gerne in Deutsch unterhalten". Sie hat einen stark schwäbischen Akzent. Mit 42,60 Euro bin ich dabei für 2 Nächte inklusive Strom. Die Hunde habe ich diesmal „vergessen" zu erwähnen, stelle aber später fest, dass sie sowieso kostenlos campen dürfen. Duschen ist nur mit Münzen von der Rezeption möglich. 1 Münze sind 6 Minuten Wasser. Ich kann 2 Mal drücken... was immer das auch bedeutet. Internet gibt es nur im Raum neben der Rezeption. Den kann die Dame mir bei Bedarf gerne aufschließen. Ich versichere ihr, dass es so wichtig nicht ist für mich.

Mein Platz, H36, liegt im hinteren Teil des großen Geländes. Ich begebe mich mit dem Plan bewaffnet auf die Suche, werde fündig, und überlege, wie ich auf der naturbelassenen Wiese in leichter Schräglage denn einigermaßen gerade parken kann. Den Qekie alleine über die Buckel schieben kann ich hier vergessen, und Hilfe ist weit und breit nicht zu sehen. Zum Glück ist die Parzelle riesengroß, hier hätten auch locker 6 Qekies Platz.

Mein Parkmanöver gelingt perfekt im ersten Anlauf.

Ab jetzt wohne ich in Frankreich. Voilà!

Das Interieur im Qekie hat die belgischen Rumpel-Pumpel-Straßen gut überstanden. Lediglich die Toilette hat sich verselbständigt und steht nicht mehr auf ihrem kleinen Podest, sondern hochkant davor. Oh Schreck! Bitte nicht die ganze Soße quer durch den Wohnwagen! Aber sofort gibts Entwarnung. Meine Enders-Deluxe hält was sie verspricht, und ist in allen Lebenslagen dicht. Hallelujah!

Zum Mittagessen brate ich mir ein Päckchen Fertigreis mit dem restlichen Leberkäse. Diesmal bleibt aber kein Passant stehen und schnuppert. Hier gibt es nämlich niemanden, der vorbei gehen könnte. Der Platz ist zu 99% mit Mobilheimen bestückt, und die Besitzer sind anscheinend alle nicht da oder haben sich in Ihren Häuschen verschanzt. Auf den paar Stellplätzen für Camper steht außer mir nur ein belgisches Wohnmobil. Sehr übersichtlich!

Das Meer ist dann auch in ein paar Minuten erreicht und vor mir erstreckt sich ein kilometerlanger, ganz flacher Sandstrand. Beeindruckend.

Bei den Häusern am Boulevard gleicht keins dem anderen. Es sieht nett aus, wie sie da so aneinandergereiht stehen. Sie sind nicht sehr hoch und haben maximal 4 Stockwerke. Wie aus der Puppenkiste wirken sie vor dieser grandiosen Meeres- und Sandkulisse.

Am Strand sind nur eine handvoll Menschen unterwegs. Es ist Ebbe, und das Wasser ist ganz schön weit weg, wohl weil der Strand ausgesprochen flach und fest ist. Ich erkenne aber eindeutig in der Ferne einen Fahrradfahrer, wie er mit einem ganz normalen Drahtesel an der Wasserkante entlang radelt. Was macht der da?

Die ganzen Restaurants, Cafés und Geschäftchen sind geschlossen. Ein etwas trauriges Bild. Schade. Aber warum nur? Streikt das Personal, ist heute Feiertag, oder was mag der Grund sein? Ich komme an 4 jungen Mädels vorbei, die sich deutsch unterhalten. Kurzerhand spreche ich sie an und frage, ob sie wissen, warum hier alles zu hat. Da lachen sie, und meinen, genau das Gleiche hätten sie sich auch gerade gefragt. Zum essen und trinken müsste man wohl rüber auf die belgische Seite. Sie hätten auch kein geöffnetes Lokal gefunden. Dann schwingen sie sich auf ihre Tandems und radeln davon. Komisch, denke ich. Ich kann ja noch verstehen, wenn in der Nachsaison aufgrund mangelnder Nachfrage weniger Gastronomie geöffnet hat, aber gar keine? Merkwürdig. Oder ob die alle Corona nicht überlebt haben? Man weiß es nicht.

So schlendere ich gemütlich zurück, und mache mir meinen eigenen Kaffee.

Nun möchte ich aber herausfinden, was es mit dem 2x Drücken auf sich hat. So mache ich mich, bewaffnet mit Handtuch und Duschutensilien, auf den Weg zum Sanitärgebäude. Ich bin schon fast beim Ausgang des Platzes, als ich feststellen muss, dass ich mich verlaufen habe.

Mann, Mann, Mann, hier sieht aber auch alles gleich aus. Ratlos folge ich den Hauptwegen zurück und werde tatsächlich fündig. Ich nehme mir vor, mich beim nächsten Besuch besser an Zäunen und Blumen zu orientieren.

Provisorisch angebrachte Schilder am Gebäude setzen das Einbahn-Corona-System um. Rein ins Haus komme ich allerdings nicht, weil die Tür abgeschlossen ist. Kann doch wohl nicht wahr sein! Ich umrunde das Ganze, rapple an den Türen, sehe, dass manche gar keinen Griff haben und anscheinend nur von innen zu öffnen sind.

Vielleicht hilft ein Zauberspruch?

Wie war das noch gleich? 3 Mal gen Osten beugen und MUTABOR sagen? Ach nee, falsches Märchen. Ich bin ja nicht Kalif Storch, der sich zurück in den Prinzen verwandeln möchte....

Ich hab's! Es war der Typ mit den 40 Räubern. Ich murmel also „Sesam öffne dich!" vor mich hin und höre im gleichen Moment ein Geräusch, dass sich ganz eindeutig wie das Öffnen einer Türe anhört. Schnell fege ich um die Ecke und sehe im letzten Moment, wie eine ältere Dame in dem Gebäude verschwindet.

Die Erkenntnis trifft mich wie ein Hammer:

Ali Baba ist eine Frau und wohnt in Bray-Dunes in einem Mobilhome!

Ich jage ihr hinterher und schaffe es gerade noch so, bevor die Tür ins Schloss fällt. Das will ich jetzt aber genau wissen, denn abschließbar ist die Tür gar nicht, wie mir bei näherer Untersuchung auffällt. Aber sie hat einen automatischen Schließmechanismus, der so straff eingestellt ist, dass man die Tür nur mit gewaltiger Kraftanstrengung öffnen kann. Muss einem ja auch gesagt werden. Menno!

Mir fällt auf, dass hier im Sanitärgebäude kein Unterschied zwischen den Geschlechtern gemacht wird. Kein „Damen links, Herren rechts" und so weiter. Ist mir sympathisch, wenn auch ungewohnt. Da ich aber sowieso der einzige Duschgast in diesem Etablissement bin, spielt es eh keine Rolle. Ich lasse das Zufallsprinzip bei der Wahl der Kabine entscheiden.

Das mit der Duschmünze klappt dann auch nach einigem Rumgemurkse. Der Münzeinwurf ist so nahe an der Wand angebracht, dass man Schlangenfinger braucht, um an den Einwurfschlitz zu gelangen. Wasser kommt allerdings trotzdem nicht aus der Wand.

„OKAY", denke ich, das ist mal was Neues.

Ich lasse mich noch ein wenig an den Armaturen aus, probiere es erneut mit drücken, ziehen, drehen. und voilà, tatsächlich ergießt sich plötzlich und unerwartet ein zarter Wasserstrahl. Erfreut springe ich drunter und stehe unvermittelt wieder im Trockenen. Echt jetzt? Das waren gerade mal 5 Sekunden. 2 Mal drücken? Die Frau an der Anmeldung hat echt Humor. Zum Glück lässt sich der Knopf auch beim 3. Mal noch mit Erfolg bedienen, und ich rechne hoch: 5 Sekunden x 12 sind 1 Minute.

12 x 6 Minuten macht 72 Drücker. Läuft bei mir!

Angesichts dieser Zahl lehne ich mich mit dem Rücken gegen den Druckknopf, sonst befürchte ich, nie zum Haare waschen zu kommen. *Lach!*

Die Suche nach einer Steckdose im Anschluss gestaltet sich schwierig. Ich durchkämme das ganze Gebäude, das mich sehr stark an einen Waschraum im Landschulheim in den 50er Jahren erinnert. Okay, da habe ich noch nicht gelebt, aber so muss es ausgesehen haben. Definitiv! Schade, dass ich mein Handy nicht dabei habe. Das wäre ein Foto wert gewesen. Zum Fönen komme ich letztendlich aber doch noch, da ich die einzige Steckdose gefunden habe. Der Schelm hat sich im schmalen Gang in Nähe der Ausgangstür versteckt. Ich versuche mir vorzustellen, wie das hier wohl zur Hochsaison abläuft, habe aber nicht genug Fantasie. Vielleicht fönen die

Franzosen sich nicht die Haare. Es mag da ja durchaus kulturelle Unterschiede geben.

Die Spiegel, (von denen gibt es reichlich) hängen natürlich an der anderen Seite des Raumes. Macht nichts, werden eh überbewertet. *Lach!*

Auf dem Rückweg verlaufe ich mich dann auch nur ein wenig. Ich wusste gar nicht, dass duschen so ein Abenteuer sein kann.

Dienstag, 5.10.2021
Rotwein und Liebe

Das erste, was mir an diesem wettertechnisch eher traurig reinblickenden Vormittag auf meiner heutigen Erkundungsrundfahrt auffällt, sind die bunten Straßenlaternen. In Zuydcoote (das Wort kommt aus dem Westflämischen und bedeutet soviel wie Salzhütte, niedlich, oder?), dem Ort gleich neben Bray-Dunes, stehen sie Spalier, gekleidet in einen kräftigen Mintton.

Da sieht der graue Himmel und der leichte Nieselregen doch gleich viel fröhlicher aus. Dann, einige Straßen weiter, wechselt das Outfit zu Kirschrot, oder sollte ich sagen Hummerrot? Ich befinde mich nämlich in der Rue de Crevettes. *Lach!*

Mein Blick fällt auf den mit lustigen Strandmotiven bemalten Wasserturm. Ich versuche mir vorzustellen, wie es in dieser Gegend in den Sommermonaten um Sonne, Meer und Strand bestellt ist. Ob es wohl viele Touristen gibt? Ich glaube eher nicht, dass die Gegend maßlos überfüllt sein wird. Ich notiere den Ort in meinem Hinterkopf als für mich zukünftige Anlaufstelle, wenn ich mal wieder eine Prise französische Seeluft schnuppern möchte.

Weiter geht's durch Leffrinkoucke. Alle Achtung, wer das fehlerfrei aussprechen kann. Die Einwohner nennt man Leffrinckouckois. *Lach!*

Vor meinem geistigen Auge umklammert ein Clochard mit einem Arm die dunkelblaue Straßenlaterne. Den anderen streckt er weit von sich in die Höhe, in der Hand eine fast leere Rotweinflasche, und ruft mir lauthals zu: „Ich bin ein Lefrinkuckuck!"

„Nicht schlecht", denke ich grinsend, „meine Fantasie macht ja heute wahre Luftsprünge!"

Und weiter folge ich den Ansagen von Frau Google Richtung Routenziel, dem Toilettenhäuschen am Strand des Ortes. Warum Toilettenhäuschen? Es liegt einfach strategisch günstig an einer befahrbaren Straße direkt am Meer. Benutzt habe ich es aber nicht. *Lach!*

Leider ist aus dem leichten Sprühregen mittlerweile ein ausgewachsener Landregen geworden. So ist das halt, wenn man meint, trotz ausgeprägtem Tiefdruckgebiet, Camping-urlaub mit Sightseeing machen zu wollen. Aber wozu gibt es so wundervolle Outdoorbekleidung, von der ich ja reichlich an Bord habe? Vorteil des Wetters ist, dass ich erneut Strand-Bingo habe. Obwohl - das stimmt nicht ganz. Ein wirklich **sehr** verliebtes junges Pärchen trotzt, völlig ineinander versunken, ebenfalls den Wetterkapriolen. Ich glaube, die Welt um sie herum könnte versinken, und die beiden würden es nicht merken. *Lach!*

Zum 2. Mal innerhalb der letzten halben Stunde grinse ich ausgiebig vor mich hin.... soweit zu den Klischees über die Franzosen... es lebe der Rotwein und die Liebe!

Doch, denke ich gut 18 Monate zurück - damals, als die Welt stillstand und sich alles nur noch um ein unsichtbares Virus drehte... die Franzosen haben Rotwein gehortet, die Deutschen Toilettenpapier. Vive la France!

Weiter geht es nach Dunkerque, zu deutsch Dünkirchen. Ein Ort, der sehr viel Geschichte hat. Man merkt es an jeder Ecke und Kante, alles sehr kriegslastig hier. 1940 von der deutschen Wehrmacht besetzt, wurde der Ort, den sie, großspurig wie sie waren, Atlantikfestung genannt haben, erst einen Tag nach Kriegsende, am 9. Mai 1945 an die Alliierten zurückgegeben.

Ich wandere den Boulevard entlang. Hinweistafeln mit Bildern versehen, erzählen von den schrecklichen Dingen aus dieser Zeit, die sich an diesem, nun so harmlos aussehenden Strand, abgespielt haben. Man kann es sich kaum vorstellen und in mir macht sich ein leicht bedrücktes Gefühl breit.

Ist es ein himmmlischer Hinweis? Plötzlich scheint die Sonne und schiebt nicht nur die Wolken, sondern auch die düsteren Gedanken beiseite.

Nicht nur in Bray-Dunes sind die Bürgersteige hochgeklappt. Hier, in dieser immerhin fast 90.000 Einwohner fassenden

Stadt, scheint es auch nicht möglich zu sein, ein offenes Lokal am Strand zu finden. Was ist nur los? Immerhin sind hier doch ein paar Leute unterwegs und die würden bestimmt auch gerne etwas essen und trinken.

Fast am Ende der Strandpromenade werde ich dann doch noch fündig. Ich verstehe den Kellner zwar nicht, das Studium der französischen Speisekarte bereitet mir allerdings keine Mühe, und so esse ich einen wirklich grandiosen, mit allerlei leckeren Dingen gefüllten Crepe.

Frisch gestärkt mache ich mich wieder auf den Weg. Besorgt betrachte ich dabei die Nadel der Benzinstand-Anzeige, die sich gnadenlos dem roten Bereich nähert. Mit dem Tanken ist das hier *nicht* so einfach, wie ich mir das vorgestellt habe. Von einem dichten Tankstellennetz, wie es das in Deutschland gibt, kann man hier nur träumen. Wenn ich es mir genau überlege, habe ich in den letzten zwei Tagen noch gar keine Station gesehen. Nicht gut!

Mein Plan, die Gegend zu durchkämmen und sozusagen zufällig eine Tanke zu finden, ist wohl eindeutig zu zuversichtlich, und scheint nicht aufzugehen. Dann lasse ich mir halt von Frau Google den Weg zeigen, was auch tatsächlich funktioniert. Dumm nur, dass, am Ziel angekommen, das Benzin so nah und doch so fern ist. Ich befinde mich nämlich auf einer Schnellstraße und die Tankstelle liegt auf der anderen Straßenseite. Wendemöglichkeit Fehlanzeige. So reite ich noch mal gut 5 Kilometer weiter, bis ich mein gelbes Stahlrösslein wenden, und zur ersehnten Tränke führen kann. Es ist fast ein Déjà-vu. Genau die gleiche Situation habe ich schon einmal auf Korfu erlebt. Dort musste ich ebenso weit durch die Landschaft kreisen, um mein Ziel zu erreichen. Allerdings wollte ich da nicht tanken, sondern zum Lidl. *Lach!*

Ein Euro und sechsundachtzig Cent!

Ich kann kaum glauben, was die Anzeigetafel unübersehbar

kundtut. So teuer habe ich ja noch nie getankt! Also überschlage ich schnell im Kopf, wie viele Kilometer französichen Landes ich denn noch gedenke zu bereisen, und mache den Tank nur knapp halb voll. Ich fürchte, Schnellstraßen-Preise sind vergleichbar mir Autobahn-Preisen. Wieder was gelernt. *Lach!*

Als ich meinen Weg fortsetze, komme ich nur wenige Minuten später an einem Einkaufszentrum mit Tankstelle vorbei. „Jaaa suuuper", denke ich. Nun ist es zu spät.

Der Strand von Fort Philippe ist riesig. Er hat bei Ebbe eine Breite von ungefähr einem Kilometer und ist so flach und fest, dass hier problemlos alles fahren kann, was Räder hat. Natürlich *ist* gerade Ebbe, und so beobachte ich einen Jeep dabei, wie er quer über den Strand pflügt, um am Ende der Wasserkante Kitesurfer einzusammeln. Zum Laufen wäre das tatsächlich sehr weit mit schwerem Gepäck. Da braucht es schon einen Taxiservice.

Der Wind frischt immer mehr auf und bläst den Hunden und mir unangenehm den Sand in die Augen. Also verabschieden wir uns dann doch recht zügig von der Location. Ein Wahnsinnsstrand ist das hier. Eigentlich schade, dass direkt hinter den Dünen ein Atomkraftwerk steht. *Lach!*

Beim Verlassen des Ortes lese ich beiläufig die Namen der Querstraßen. Sehr erfindungsreich sind die Franzosen dabei ja nicht, oder hat das was mit Nationalstolz zu tun? Ich weiß es nicht. Die Orte wechseln, die Straßennamen nicht. Es sind immer wieder die gleichen. So auch hier. Die drei letzten Straßen vor Ortsende:

Rue du 8. Mai (Ende 2. Weltkrieg)
Rue du 11. Novembre (Ende 1. Weltkrieg)
Rue Paul Belmondo

HÄHH? Ich lach mich kaputt. Da hatte jemand Humor in der Straßennamenvergabestelle!

Abends im Qekie fallen mir die Sch'tis wieder ein (die haben auch immer HÄHH gesagt), und ich fange bei meiner

Internetrecherche an zu lachen, da mein erster Gedanke, den ich in Frankreich hatte, mit Tatsachen unterlegt werden kann. Der Film ist wirklich hier gedreht worden, nur 16 Kilometer entfernt, in der Stadt Bergues.

Ich werde morgen bei der Rezeption nachfragen, ob ich eine Nacht verlängern kann, denn es sind Orkanböen angesagt. Es stürmt jetzt schon ganz ordentlich, und ich bin nicht so wahnsinnig, mich bei diesem Wetter mit dem Wohnwagen auf die Straßen zu begeben. Mein Bedarf an abhebenden Wohnwagen ist eindeutig gedeckt.

Außerdem kann ich dann noch die Sch'tis besuchen. Das interessiert mich doch jetzt.

Mittwoch, 6.10.2021
Willkommen bei den Sch'tis

Es klappt mit der Verlängerung, was nicht weiter verwunderlich ist, da ich mittlerweile der einzige Camper bin, der nicht in einem feststehendem Caravan wohnt. Das belgische Pärchen mit dem Wohnmobil ist abgereist. Haben die den Wetterbericht denn nicht gehört?

Durch das GO der Rezeptionistin steht mein Ziel für heute fest. Auf geht's nach Bergues! Ich freue mich, und bin gespannt, ob ich Orte entdecken kann, die ich aus dem Film kenne. Spannend!
Ich stelle fest, dass es mal wieder die Nichtigkeiten am Rande sind, die meine Aufmerksamkeit fesseln und mein Herz erfreuen (ich glaube, irgendetwas stimmt da bei mir nicht.) *Lach!*
In diesem Fall ist es eine Baustellenampel. Welch grandioses Wunderwerk der französischen Technik! Sie hat eine Anzeige, und zählt bei Rot die Sekunden runter bis zur Grünphase. Ich bin begeistert, das habe ich bei uns noch nie gesehen.
Eine halbe Stunde später parke ich direkt an der prächtigen, noch aus dem Mittelalter stammenden, Stadtmauer von Bergues, und betrete durch eines der fünf Stadttore die Altstadt. Ich lasse mich treiben. Mir fällt auf, dass hier direkt nebeneinander 2 richtige Metzger sind. Die Theken quellen über vor Fleisch, aber auch eine Vielzahl an Pasteten und andere Leckereien gibt es zu bestaunen. Anscheinend isst man sehr gerne in Frankreich, schlussfolgere ich. Und mit dem in viel Plastik verpacktem Supermarktfood, wie man es bei uns bis auf wenige Ausnahmen leider nur noch kennt, hat das hier auch überhaupt nichts gemein.
Lustig finde ich den Schriftzug an einem der Schaufenster der Boucherie Traiteur: „Notre Pot'je Vleesch artisanal". Dieser hausgemachte Fleischtopf scheint wohl die Spezialität des Hauses zu sein. Aber „Pot'je Vleesch"? Das hört sich für mich

ja nun alles andere als französisch an. So langsam dämmert es mir, wie man Sch'ti auf französisch spricht. *Lach!*
Ich habe ziemlich gute Laune, weil ich tatsächlich Orte wieder erkenne, und die dazugehörige Szene aus der Filmkomödie vor meinem geistigen Auge abläuft. Der Besuch hat sich gelohnt. Ich für meinen Teil habe Spaß.
Eine orange Textmarkerspur würde es theoretisch von mir geben, praktisch habe ich jedoch keine Straßenkarte von Frankreich. *Lach!*
Am Nachmittag mache ich noch einen Spaziergang zum Strand von Bray-Dunes. Meine Güte, haben die hier heute viel zu fegen! Der ganze asphaltierte Strandboulevard ist durch die Sturmböen zu einer kleinen Dünenlandschaft mutiert. Ich kann mir vorstellen, wie es in den Wohnungen direkt hier an der Promenade aussieht. Dieser feine Sand findet garantiert seinen Weg ins Innere und lagert sich auf allem ab. Das kenne ich noch aus meiner Zeit in Ägypten. Saubermachen in Dauerschleife. *Lach!*

Auf dem Campingplatz ist diesmal richtig was los! Männer tummeln sich am Boule-Platz und versuchen lautstark und mit viel Spaß an der Freud, die großen Kugeln so nah wie möglich ans Schweinchen (die kleine Kugel) zu bekommen. Ich setze mich auf eine der vielen Bänke und schaue mir das Ganze belustigt an. Prompt hat man mich entdeckt und schüttet mich mit vielen französischen Wörtern zu, die ich leider alle nicht verstehe, und somit auch nicht Sinn ergebend zusammensetzen kann. Vielleicht reden die auch Sch'ti? Ich werde es wohl nie erfahren. *Lach!*

Ich entschließe mich, morgen Frankreich zu verlassen. Es macht nicht viel Sinn, der Küste weiter zu folgen. Das Wetter ist einfach zu schlecht und unbeständig.
Was ich wissen wollte, weiß ich jetzt:

Ich kann auch Frankreich!

Meine Ängste, aufgrund von Sprachbarrieren hier nicht klar zu kommen, sind unbegründet.

Diese drei Tage „Frankreich für Einsteiger" haben mir gefallen. Es ist anders, und gerade das macht für mich den Reiz aus.

Wenn ich vor ein paar Wochen „Kaiserschmarrn" hatte, habe ich hier in Nord-Frankreich die „Erbsensuppe". Es ist bodenständig, ohne viel Firlefanz. Der eine mags, der andere nicht.

Au revoir!
Nächstes Jahr komme ich definitiv wieder.
Versprochen!

Donnerstag, 07.10.2021
... und monatlich grüßt das Mobilfunk-Murmeltier

Mein Internetguthaben ist mal wieder am Ende.
Memo an mich: wenn die 2 Jahre um sind, schließe einen Handy-Vertrag mit mindestens 6 GB Internetvolumen ab!

Tief atme ich durch. Meine Finger klammern sich etwas verkrampft ums Lenkrad. Und das liegt diesmal nicht an der Arthrose. Eigentlich bin ich startklar, der Qekie ist angehängt, die Hunde und ich sind angeschnallt.
Als hätte ich eine Vorahnung, was mich in den nächsten Stunden erwartet, starte ich nur zögerlich den Motor und rolle langsam vom Platz.

Mayday, Mayday!
... der Blindflug ohne Google Maps
startet genau jetzt!

Mein Plan ist, Belgien auf der Autobahn zu durchqueren, um zurück nach Cadzand zu kommen. Diesmal ist jedoch nicht der nette idyllische Parkplatz mein Ziel, sondern der vis-a-vis liegende Campingplatz, gleich hinter der Düne. Die Landschaft dort hatte mir so gut gefallen, und außerdem wartet dort noch das mir selber versprochene Bier in der Seemöwe, dem tollen Strandpavillon, auf mich.
Zunächst liege ich fahrtechnisch auch gut in der Spur, zumindest stimmt die Richtung gen Norden. Dann, bereits auf belgischem Gebiet, ist plötzlich und ohne Vorwarnung die Autobahn gesperrt, eine Umleitung ist nicht ausgeschildert. Ich irre mehr oder weniger durch die Gegend, mal wieder dazu verdammt, die teils sehr schlechten Straßen ausgiebig zu genießen. Meine belgische Straßenkarte ist mir auch nur bedingt eine Hilfe, da ich durch die vielen überflüssigen Kilometer auf Irr- und Umwegen, bereits wieder tanken muss. Der absolute Supergau, denn auch in Belgien sind die Tankstellen rar gesät und nicht da, wo ich bin. Und die Stimme

aus meinem Handy spricht ja wegen dem nicht vorhandenen Internet auch nicht mehr mit mir. Gar nicht gut!

Richtig entnervt überlege ich kurz, ob nach Hause fahren eine Option ist. Schilder nach Brüssel gibt es immerhin einige, und von da aus finde ich auf jeden Fall, auch ohne Navi, nach Hause. Voraussetzung dafür ist allerdings, dass das Auto dann noch fährt. Ohne Sprit sehe ich da aber schwarz.

Ich bin durchgeschwitzt und kurz davor, mich in die nicht vorhandene Ecke zu setzen und zu heulen, als ich endlich das erlösende Symbol erblicke. Natürlich liegt die Tankstelle, wie kann es anders sein, auf der anderen Straßenseite der Schnellstraße. *Lach!* Aber, oh Wunder – hier ist eine Ampel, und man darf sogar links abbiegen! Gesagt - getan. Dreimal links im Industriegebiet, und das Benzin ist meins!

Nachdem der goldene Saft im Tank ist, lege ich, nun bereits ein wenig entspannter, zwischen dem 2. und dem 3. Rechts vor der Schnellstraße, eine kleine Pause ein, und esse einen Snickers. Ich bin nicht ich, wenn ich unterzuckert bin. *Lach!*

Ich motiviere mich mit den Worten „Ooh nein, Belgien, DU besiegst mich nicht!" Neue Kräfte machen sich in mir breit, und ich verwerfe die Idee, nach Hause zu fahren. So soll mein Campingsommer 2021 nicht enden. In Ruhe studiere ich noch mal die Karte, stelle verwundert fest, wo ich gerade bin, nämlich weiter entfernt von Cadzand als ich es in Frankreich war. Na bravo! 2 Stunden belgisches Criss-Cross. Ich bin begeistert. Im Radio kommen immer noch Durchsagen von gesperrten Autobahnen. Ich fokussiere mich noch einmal richtig auf mein Ziel, und diesmal klappt es mit der Route. Als ich eine Stunde später das Schild „Welkom in Nederland" passiere, muss ich ein paar mal schlucken und schniefen, die komplette Anspannung löst sich. Jetzt kann nichts mehr schiefgehen.

Um 14 Uhr nehme ich die Einfahrt zum Campingplatz Ardoer „De Zwinhoeve". Was für ein Höllenritt liegt hinter mir!

In der Rezeption frage ich, ob was frei ist für 2 Tage, und vor allem, was es kostet. Nochmal falle ich nämlich nicht darauf rein und zahle 50,20 Euro für eine Nacht.

Vielleicht sehe ich auch etwas mitgenommen aus? Wie auch immer! Die nette junge Dame lässt mich 2 Nächte für unschlagbare 48 Euro bei sich wohnen, gibt mir sogar noch einen kleinen Rabatt und schenkt mir eine Kühltasche obendrein. Ich bin restlos begeistert, rangiere mein Gefährt auf die zugewiesene Parzelle, stelle einen Stuhl vor den Qekie und leere meine Grimbergen-Vorräte. Das dient der Entspannung und muss jetzt sein. *Prost!*

Der Campingplatz ist fest in deutscher Hand. Ich bin umgeben von Autokennzeichen, deren Orte ich zuhause innerhalb einer halben bis maximal einer Stunde erreichen kann. Rheinländische Rudelbildung. *Lach!*

Ein sehr großes Wohnmobil aus meinem Heimatkreis entert mit einigem Rangieren erfolgreich den Platz mir gegenüber. So ein riesiges Schiff für 2 Personen... Ich komme mir mit meinem kleinen Panda-Qekie-Gespann dann immer vor wie David, vor dem sich Goliath in Pose schmeisst.

Wer viel Platz hat, hat auch viel an Bord. Darunter oft einiges, was die Welt nicht braucht. Aber bitte – wenn es Campers Seele glücklich macht – ich kann gönnen. *Lach!*

Das ist wie Kino, die beiden zu beobachten. Popcorn habe ich zwar keins, kann dieses Manko allerdings durch eine Tüte Chips wettmachen. Grimbergen habe ich auch keins (mehr). Aber auch da bin ich erfinderisch, und gehe nahtlos zu Sekt über. Der Tag scheint mir doch mehr zugesetzt zu haben, als ich dachte. *Lach!*

Zurück auf meinem „Kinosessel", kann das Schauspiel mir gegenüber beginnen.

1. Akt: Nivellierung des Gefährts in die perfekte Waagerechte unter Zuhilfenahme von befahrbaren Keilen
2. Akt: Anschluss an das Strom- und Wassernetz
3. Akt: Verlegen des Teppichbodens vor dem Wohnmobil
4. Akt: Ausfahren der Markise und fachmännische Sicherung mit abgefederten Sturmbändern und

Heringen
5. Akt: Parken der E-Bikes
Dazu werden diese in einem Kraftakt vom Heckträger
befreit, nur um danach direkt wieder, mit einem
überdimensional großem Schloss, an der zufällig
bereitstehenden Laterne gesichert zu werden. Ein
silbernes Plastikhäubchen, auch Fahrradgarage
genannt, wird über die beiden Drahtesel gezogen und
zusätzlich mit Schnüren festgezurrt.

Es ist bereits eine gute Stunde vergangen und ich bin schon
wieder durstig. „Ein Pikkolöchen geht noch", denke ich, und
schwanke freudig zur Kühlbox.

6. Akt: Die Lafuma Aircomfort-Relaxliegen werden im
richtigen Winkel zum Lafuma California
Campingtisch direkt neben die IKEA Schuh-
Abstellwanne am Eingang platziert.
7. Akt: (Holla! Jetzt kommt aber Leben in die Bude!)
Zwei Pekinesen erblicken das Licht der Welt
außerhalb der rollenden vier Wände und werden,
gemeinsam mit ihren Körbchen, vor die
Campingstühle drapiert.

Zwischenspiel:

In dem soeben eröffneten Outdoor-Wohnzimmer serviert die
Dame des Hauses Heißgetränke, Danish Cookies aus der
großen runden Blechdose, sowie Pedigree Dentastix. Dazu
stellt sie ein Tablett auf die, mit einer pastellfarbenen Decke
und einer, in einem farblich passenden Übertopf wohnenden
Pflanze, verschönerte Tischplatte. Der Ehemann trägt
andächtig das große Glas-Windlicht hinter ihr her und übergibt
es seiner Ehefrau feierlich, damit diese es, dem Auge gefällig,
auf dem Tisch drapieren kann (keine Ahnung, warum ich dabei
an die heiligen drei Könige denken muss). *Lach!*

Nur einem glücklichen Zufall ist es zu verdanken, dass die Vier jetzt Ihren Five- o'clock-Tea genießen können, denn der Versuch, mit dem Tablett in der Hand, gleichzeitig mit den Füßen nach ihren Crocs in der Abstellwanne zu fischen, hat fast zu einem tragischen Sturz der Ehefrau geführt. Schuhe sind im Wohnmobil natürlich Tabu. Dann lieber ein Bein brechen. Zum Glück kann der holde Ehemann sein Weib durch vollen Körpereinsatz vor dem Fall bewahren. Wie genau das abgelaufen ist, bleibt jedoch im Unklaren. Das Windlicht hat er auf jeden Fall nicht dem Erdboden preisgegeben.

Während die Hauptdarsteller Kekse und Kauknochen muffeln, nutze ich die Spielpause ebenfalls, und koche mir einen Kaffee.

8. Akt: Was macht er denn jetzt?

Zunächst erschließt sich dem Publikum (also mir) nicht direkt die Handlung. Der Mann wühlt in einem der großen Stauraumfächer des Wohnmobils nach etwas, das wohl ganz unten liegt. Anscheinend gelingt es nicht, an das Gewünschte heranzukommen. Also beginnt er, den kompletten Hausrat auszuräumen. Interessant, was da so alles zum Vorschein kommt! Grill, Gasflasche (um dem Grill Leben einzuhauchen), 2 Fahrradkörbchen, 2 Luftmatratzen, 1 Plastik-Gummibaum *(Echt jetzt? Ich geh kaputt!)*, 2 Paar Gummistiefel, 1 Waschmaschine *(Hallo, die kenne ich doch! Habe ich auch!)*, 1 Wäschetrocknergestell *(habe ich nicht)*, diverse Klappboxen, deren Inhalt jedoch im Verborgenen bleibt, 2(!) Werkzeugkästen, 1 Kasten Bier, 1 Kasten Wasser, 1 Sonnenschirm...

Das ist ja wie bei „Am laufenden Band", nur ohne Rudi Carell. Es fehlt jetzt noch das Fragezeichen, der Fernseher, die Kaffeemaschine und die Reise! Langsam frage ich mich, ob auf der anderen Seite des Wohnmobils jemand steht, der das ganze Equipment von hinten nach vorne durchreicht. Bin ich vielleicht Hauptdarsteller in einem „Verrückte Kamera"-Clip und man nimmt gerade meine Mimik in Großaufnahme auf? Doch als ich noch über diese Option nachdenke, und gleichzeitig nach verdächtigen Personen Ausschau halte, wird der Mann, dem mittlerweile die Schweißperlen auf der Stirn stehen, fündig.

Leider ist das Corpus delicti noch in einem Sack verpackt und so steigt die Spannung minütlich, da er all die anderen Dinge erst wieder ordentlich in den Tiefen der Abstellkammer verschwinden lässt. Außer den Gummibaum.

9. Akt: „Soo, jetzt aber! Knüppel aus dem Sack!" will ich gerade aufgeregt zu ihm rüber rufen. Ich beherrsche mich jedoch im letzten Augenblick, und denke es mir nur. Nachher haut der mir seinen Knüppel noch auf den Kopf, weil er sich veräppelt fühlt. Das möchte ich nicht. Stattdessen lasse ich das WDR-Rundfunkorchester in meinem Kopf einen Tusch spielen, als das Geheimnis endlich gelüftet wird. Zum Vorschein kommt – TAATAAAAAA - ein mobiler Weidezaun.

Das Netz hat sich in den Stangen verheddert, und langsam steigt meine Bewunderung für den Herrn, denn er beginnt mit einer stoischen Ruhe die gefühlten 30 Meter Zaun zu entwirren. Ich kann da gar nicht zugucken, zumal ich weiß, was als nächstes kommt. Ich sehe nämlich keinen Hammer. Eben, beim 4. Akt war er doch noch da! Wo ist er nur hin?

Tatsächlich fällt ihm das dann wohl auch gerade auf, denn zum ersten Mal höre ich so etwas wie ein verhaltenes Murren von der gegenüberliegenden Seite. Ich hätte schon laut geflucht und den Zaun über die Hecke zum Nachbarn geworfen. Nein – stimmt nicht – ich hätte erst gar keinen Zaun dabei!

Eine halbe Stunde später ist die Parzelle rundum gesichert wie Fort Knox, und die Pekinesen werden von den Leinen befreit,

damit sie ihrem Tatendrang freien Lauf lassen können. *Yippie!*
Spielen, laufen, auf Herrchens Schoss springen, auf Frauchens Schoss springen, rein in das Wohnmobil, raus aus dem Wohnmobil *(Um Himmels Willen! Der gute Teppich!)*... das alles ist nun möglich.
Stattdessen heben die beiden nur kurz die Köpfchen, und erlauben sich dann, ungeachtet der Möglichkeiten der plötzlichen Freiheit, weiter zu schlafen. Den vollen Arbeitseinsatz ihres Herrchens nehmen sie gar nicht zur Kenntnis. Der Arme muss echt gefrustet sein. *Lach!*

Den 10. Akt, das Herausfahren der Satellitenantenne, habe ich verpasst.
Mein ausgiebiger „Durst" forderte seinen Tribut und ich tänzel leichtfüßig, und wahrscheinlich auch ein wenig schwankend, zum Sanitärgebäude.
Beim 11. Akt bin ich wieder voll bei der Sache.
Der Gummibaum wird mit einer Lichterkette an der Stützstange der Markise befestigt. *Check.* Leuchttest bestanden.
Der 12. Akt fällt leider aus. Es fängt an zu regnen.

Finale:

Mit einem Klack fällt die Wohnmobiltür hinter den Zwei- und Vierbeinern ins Schloss.
Die Satellitenantenne dreht noch eine Ehrenrunde, und im Schlusssatz verkündet Gundula Gause die neuesten Corona-Zahlen.
Die Schuhwanne ist vorsorglich unters Wohnmobil geschoben worden. Schließlich weiß man nie, ob die Markise regendicht ist, oder ein Crocs-fressendes Tier sein Unwesen treibt.
...und Ordnung muss ja schließlich auch sein.

Was für ein aufregender Tag!

Freitag, 8.10.2021
Touristenfallen

„OOOH NEEIIIN!" Beim ersten Blick aus dem Fenster sehe ich die ganze Katastrophe: der Gummibaum ist umgefallen! Fast zeitgleich mit meiner Entdeckung öffnet sich die Tür des Wohnmobils und die Dame des Hauses betritt die Bühne. Mit einem schnellen Blick hat auch sie den Ernst der Lage erkannt, widmet sich aber zunächst der Schuhwanne. Dann kann sie aber nichts mehr halten, und der Gummibaum wird ordentlich an seinem Platz zurecht gerückt. Ich meine, so etwas wie Unmut in ihrem Gesicht erblicken zu können. In der Tat stapft sie zurück ins Wohnmobil, die Crocs lässt sie diesmal an. „Oje, Erdbeben für den Ehemann", geht es mir durch den Kopf, und gleich darauf bestätigen die gehobenen Stimmen meine Vermutung. Der arme Mann tut mir leid. Hat er doch gestern alles so perfekt hergerichtet, und jetzt kriegt er noch Haue obendrein! *Och herrm!*
Als das Donnerwetter abgeebbt ist, kehrt sie zurück zum „Point-of-Not-Amused", und schlingt gekonnt eine zweite LED-Lichterkette um Markisenstütze und Plastikpflanze. Dann tritt sie einen Schritt zurück, stemmt die Arme in die Seiten und betrachtet, mit leicht schrägem Kopf, ihr Werk. Anscheinend ist ihre Welt jetzt wieder in Ordnung.

Nun aber erst mal ein Käffchen! Das haben wir uns verdient!

Nach dem Frühstück breche ich auf zu einer „Schlenderfahrt" rund um Cadzand.
Der Panda führt mich nach Sluis. Am Ortseingang denke ich noch „scheint hier nichts Interessantes zu geben". Wie man sich doch irren kann! Als ich den Kreisverkehr in der Ortsmitte erreiche, bin ich plötzlich mittendrin statt nur dabei. Hier tobt das Leben. Sofort werde ich misstrauisch und drehe, um mich nach allen Seiten orientieren zu können, 3 Runden im Kreisverkehr.

„Ganztägig parken 4 €"
„Tagesparkplatz 3 €"
„Öffentliche Toilette"

Sämtliche Alarmglocken in mir läuten mit geradezu ohrenbetäubendem Lärm. Wo bin ich denn hier hineingeraten? Eindeutig eine Touristenfalle! Aber neugierig bin ich natürlich schon, was hier an diesem Ort so außergewöhnlich ist, dass es die Ansiedlung einer Parkplatz- und WC-Industrie rechtfertigt *(die ich selbstverständlich **nicht** unterstützen werde!).*
Ich verlasse den Kreisverkehr Richtung Ortsausgang, und finde, nach nur 300 Metern, einen wunderschönen, kostenlosen Parkplatz direkt neben einer Tankstelle. Schade, dass ich heute gar keinen Sprit brauche. *Lach!*
Zurück am Rondell staune ich, wie viele Menschen um diese Uhrzeit bereits ebenfalls in Sluis unterwegs sind. Immerhin ist es gerade mal 11 Uhr vormittags. Ich schlendere durch die Sträßchen des Ortes, und weiß nun, was die Leute hier wollen: SHOPPEN!
Unzählige Geschäftchen, von reichlich vorhandener Gastronomie umgeben, machen aus dem Einkaufserlebnis problemlos einen Tagesausflug.
Ich fühle mich jedoch alles andere als wohl, weil es einfach minütlich voller wird, ich sowieso nicht shoppen will, und somit echt nicht weiß, was ich hier soll. So verlasse ich schleunigst die Promeniermeile, und lenke meinen Schritt gen Auto. Ich komme am Dorfteich vorbei und finde, dass dies die schönste Stelle in Sluis ist.
Genug Sightseeing für heute! Jetzt ist mir nach Sand und Meer zumute. Da wartet ja noch ein Bier in der Seemöwe auf mich. *Lach!*
Zurück auf dem Campingplatz stelle ich fest, dass ich keine weitere Episode des Theaterstücks verpasst habe. Die Akteure sind mit den Fahrrädern unterwegs.
Auf dem Weg zum Meer erfreue ich mich an der schönen Aussicht auf das Naturschutzgebiet, die man von der

Deichkrone hat. Hier mündet die Zwine in das Meer, und die Landschaft hat einen ganz eigenen Charakter.

Mann, Mann, Mann, auch hier am Meer ist ganz schön Betrieb. Ich ergattere aber noch einen Platz auf der Sonnenterrasse, und staune nicht schlecht über die hohen Preise. Das letzte Weizenbier für 6 € habe ich im Abflugbereich des Düsseldorfer Flughafens getrunken...

...und jetzt hier in der Seemöwe.
Man gönnt sich ja sonst nichts. *Lach!*

Ich studiere noch ein wenig die Speisekarte, und entscheide mich für selber kochen im Qekie. Ein Hamburger für 19,50 € würde mir definitiv im Halse stecken bleiben.

Während ich bedächtig an meinem Bier schlürfe, beschließe ich, morgen nach Hause zu fahren. Die ganzen Eindrücke wollen in Ruhe verarbeitet werden.

Freitag, 31.12.2021
Jahresabschluss

Die letzte Zeile ist geschrieben,
das letzte Blatt gedruckt.

Durch die Arbeit an diesem Buch war ich nun einige Monate fast täglich im Urlaubsmodus.
Ich habe gelacht, wenn es eine besonders witzige Sache zu erzählen gab, und ich habe geflucht, wenn der Computer nicht das tat, was ich wollte.

YouTube hat mir gezeigt, wie man Tintenstrahldrucker repariert und Bücher bindet.
Hat gut in der Umsetzung geklappt.
Der Kanal von „Heidi leimt" ist wirklich toll.

YouTube wollte mir auch zeigen, wie man in meinem Schreibprogramm die Seitenzahlen optimal für den Buchdruck formatiert.
Hat überhaupt nicht geklappt, und irgendwann habe ich einfach aufgegeben. Vielleicht ist Ihnen der Fehler ja aufgefallen, dann entschuldige ich mich für mein Unvermögen.
Ist es Ihnen nicht aufgefallen, umso besser!

Der Qekie steht wetterfest verpackt vor meinem Wohnzimmerfenster und hält Winterschlaf. Ich habe ihm versprochen, dass es nicht mehr lange dauert, bis wir zu neuen Abenteuern aufbrechen.

Zu Weihnachten habe ich die 2022er-Ausgabe des ACSI-Campingführers für Europa bekommen.
Die beiliegende Rabattkarte will ich im nächsten Jahr in der Vor- und Nachsaison ausgiebig nutzen. Eine Straßenkarte von Frankreich werde ich mir definitiv besorgen.

Wer weiß - vielleicht entsteht ja
2022 eine neue Reiseerzählung.

Bis dahin sage ich mal:

Tschüss!
Tot ziens!
Au revoir!

PS: Mein Mobilfunkanbieter hat mir ein Angebot gemacht, dass ich nicht ablehnen konnte.

15 Gigabite Datenvolumen pro Monat sollten in Zukunft reichen. *Lach!*

Vielen Dank an meine Lektorin,

die mit Ihrem Adlerauge den ein oder anderen Schreibfehler gefunden hat,

die mit Ihrem Verständnis für das geschriebene Wort, den ein oder anderen Vorschlag zur Umformulierung von Sätzen gegeben hat,

die einfach eine großartige Mutter ist.

110